田薇 叶小美 庄丽华 主编

『林苒名教师工作室』
中华优秀传统文化教育研究成果

图书在版编目（CIP）数据

给孩子们的国学课：“林苒名教师工作室”中华优秀传统文化教育研究成果 / 田薇，叶小美，庄丽华主编. — 长春：吉林文史出版社，2021.6
ISBN 978-7-5472-7780-5

Ⅰ. ①给… Ⅱ. ①田… ②叶… ③庄… Ⅲ. ①中华文化—青少年读物 Ⅳ. ①K203-49

中国版本图书馆CIP数据核字（2021）第108665号

给孩子们的国学课：“林苒名教师工作室”中华优秀传统文化教育研究成果
GEI HAIZIMEN DE GUOXUEKE LINRAN MINGJIAOSHI GONGZUOSHI
ZHONGHUA YOUXIU CHUANTONG WENHUA JIAOYU YANJIU CHENGGUO

主　　编：田　薇　叶小美　庄丽华
责任编辑：吕　莹
封面设计：言之凿
出版发行：吉林文史出版社有限责任公司
电　话：0431-81629369
地　址：长春市福祉大路5788号
邮　编：130117
网　址：www.jlws.com.cn
印　刷：北京政采印刷服务有限公司
开　本：170mm × 240mm　1/16
印　张：13.5
字　数：243千字
版印次：2021年6月第1版　2021年6月第1次印刷
书　号：ISBN 978-7-5472-7780-5
定　价：45.00元

编 委 会

主　编：田　薇　叶小美　庄丽华

编　委：林　苒　熊艳丽　陈　敏　邹彩艳　彭济峰

黄宇静　张　丽　傅　蕾　倪思敏　冷小庆

序 言

我们为什么给孩子们上中华文化课

我们为什么要给孩子们上中华文化课?

这个问题其实不用回答，但也必须回答。回答是为了唤醒施教者的文化自觉，让其明了育人目的；回答更是为了增加受教者的文化自信，让其知晓自信的资本。

我们知道，牢固的核心价值观都有其固有的根本。中华民族先辈们一直利用五千年总结出来的儒家伦理经验来教化子孙后代，他们用这种遵循民族文化心理特征的教育形式，来促使孩子超越物欲诱惑与物质束缚，这是我们在世界文化激荡中站稳脚跟的根基。

或许有人会问：我们为什么如此笃定?

《蒙台梭利早期教育法》提出：“为了建立一种自然而合理的教育方法，必须把人作为个体进行大量精确、合理的观察，重点是观察一个人幼年时的情况，因为这个时期是奠定一个人教育和文化基础的年龄。”如果按照蒙台梭利的说法，那么中华民族则用五千年的历史更迭、朝代变换，来形成重视儿童伦理道德教育的优良传统。早在两千多年前，我国最早的文献经典《易·蒙》提出：“蒙以养正，圣功也。”就是指对还没有知识状态的儿童施以正确的教育，引导学童讲规习礼，养成良好的道德品行和修养品行。而这种优良的传统集中体现在中华民族几千年来形成的传统美德上，是受教育者从小做人做事的基本准则，是他们日常生活行为的规范。虽然其中一些理念会存在历史的局限，但美德却是贯穿始终的一根主线，是一种素质的、文明的、具有强大说服力的品德教育方法。

那么，教育者适当地进行引导，对于小学生的益处有多少呢？

正如蒙台梭利在《有吸收力的心灵》一书中说的那般：“儿童有一种与生俱来的‘内在生命力’，是一种积极的、活泼的、发展着的生命力，有无穷无尽的力量。”儿童的内心是一个巨大的积蓄场，随着其年龄的增长，经典也会随着他们这种积极活泼发展的生命力慢慢地发酵，使他们由内而外地散发出儒雅高贵的气质，变得知书达理、心胸宽广，在潜移默化中明辨是非美丑、规范言行举止，同时个人的学习能力、语言理解能力、文辞写作能力都将得到全面的提升。

可见，传统美德中的教化功能以最接近心灵的方式，自然地更新学生观念，形成了建立积极向上人格的教育体系。这种教育方法能够尊重汉语的本质，并且采用符合中国人思维方式的言说方式，更适合习惯于汉语语境的未成年人以及一直接受儒家纲常伦理教育的家长，简单明了地赋予孩子德行发展的自主性与自为性，让他们直接走向诗一般的生活和意境。

灵芝小学田薇国学教育工作室的教师们正是因此而走在了一起。他们在宝安区林苒名教师工作室成员田薇老师的主持下，成立了校级工作室，把中华优秀传统文化教育与语文、阅读相结合，研究出一系列适合小学生的课程。为了更好地进行中华优秀传统文化教育研究，研究出适合给孩子们上的国学课，他们申报了“十三五”规划的一般课题——“以二十四节气为主题的语文综合实践校本课程的研究”，以二十四节气为主题，在与语文教育相结合的道路上，与纸和笔相依，在教室与学生相伴，让自我和学生心灵对话，在一直不断修改、设计、研课、试课、推翻再设计、录制的过程中，积攒出二十四节国学微课。

这一经历，让教师们的教育轨迹走向了一条欲罢不能的研究之路。如今，他们把这些文章编在了一本叫作《给孩子们的国学课——“林苒名教师工作室”中华优秀传统文化教育研究成果》的书中。在这一过程中，他们也曾满怀理想，也曾遭遇迷茫；在这群人里，他们有青春少年，也有霜染双鬓。他们把文字收集起来，铺成了他们独有的课题研究之路。而在这上面，人们会发现沙砾上留下了一串又一串歪歪扭扭的脚印，那是他们留下的最好的印迹。而在那些脚印里，有他们研究时的狂热、艰辛，或许还曾有盲目和无知。但当他们抬头，会发现坐在教室下面的孩子们，眼睛透露出热烈的光芒。此时的他们感叹着：虽然三年来他们在虬枝中攀折，一直试图将中华优秀传统文化杂乱的枝条理顺，而孩子们的成长给了他们最满意的答案。如此一来，值得。

本书分为三篇，上篇为“堂前漫步更澄明”，是工作室成员在二十四节气课题研究过程中，通过微课研究所撰写的课堂实录。中篇为“专研彼岸得从容”，为工作室成员在课题研究后的短期成果，是工作室成员在系统研究后的自我总结。下篇为“书中看得几分清”，是工作室成员通过对中华优秀传统文化中经典书籍的阅读和研究后对经典的理解与感悟。

感谢灵芝小学的大力支持，使本书得以顺利出版。

本书记录着他们的研究历程，释放着研究时的酸甜苦辣。或许，正因为他们还有梦想，所以他们把希冀和期盼放进书籍里，即使梦想已迈过了青春，研究过程也让他们年轻热烈而散发魅力。

林 苒

2020年8月11日

目录

上篇　堂前漫步更澄明

中篇　专研彼岸得从容

下 篇　书中看得几分清

上篇

堂前漫步更澄明

春知节气

二十四节气作为中国古代农业文明的具体表现，在现代化的今天，仍具有很大的指导作用，它在漫长的历史长河中所承载的智慧和意义值得我们传承发扬。

“春雨惊春清谷天”，春季是四季中的第一个季节，是万物复苏的季节，共包含“立春、雨水、惊蛰、春分、清明、谷雨”6个节气。

在教学时，要关注各个节气的不同之处，要充分重视各个节气之间的前后衔接，如第一个节气立春，大约在每年的公历2月3日、4日或5日，雨水节气在每年公历2月18日前后，惊蛰在每年公历3月5日—6日。虽然都属于春季，但严格来说立春只是春天这部辉煌歌剧的前奏或序曲，雨水则是冬天和春天交战最激烈的时候。而只有到了惊蛰，才进入了真正意义上的多彩春天。

教学形式多样化，可以通过猜图片、讲故事等感知节气含义、历史；通过民俗搜集加强学生对节气的了解；通过品味相关古诗词带领学生感受百姓和文人眼中的节气，增加学生的文学积累，还可以增加相关的游戏，丰富学生的体验及教学的趣味性。多鼓励学生观察、实践，强调他们的亲身经历，让他们在学习实践活动中体验和感受二十四节气的文化魅力，从而培养他们的观察能力、创新能力、实践能力。

“立春”教学设计

深圳市宝安区灵芝小学 冷小庆

【教学目标】

（1）通过对“立”“春”甲骨文的解读，引导学生理解立春的含义。

（2）收集有关立春的诗句、谚语、俗语，能积累诵读有关诗词。

（3）初步了解立春习俗，感受立春节日的喜庆，感受祖先的生活智慧以及祖国深厚的文化底蕴。

【教学重难点】

通过收集立春的材料，传承民俗文化，建立起对民族传统文化的喜爱之情，引导学生主动探索传统节日的历史渊源、独特情趣。

【教学过程】

（一）导入课题

1. 提问质疑，激趣导入

师：小朋友们，每当闹钟响了，我们就知道该起床了。我们可以利用钟表来把握时间，可是古代的人们呢？没有铃声、没有钟表的他们怎么知道什么时候该做什么事呢？

学生自由发言。

2. 揭示课题

师：没有铃声和钟表可难不倒我们聪明的祖先。他们为了准确地把握时间和季节的变化特意制定了二十四节气，将一年的时间分成24个时间段来指导农事活动。瞧，二十四节气图是不是很像我们的时钟。“一年之计在于春”，古人非常重视春天的到来，接下来我们一起认识一下二十四节气之立春。

（二）走近立春

1. 观察字形，了解立春

教师展示“立”和“春”两字的甲骨文，学生观察交流。

师总结：象形字“立”是不是很像一个站立的人，它慢慢地走近我们，所以“立”有站立、到来、开始的意思。“春”这个字多像一幅画呀，太阳出来了，种子从地里探出头来生根发芽了，树木也开始抽芽，这就是万物复苏的“春”。立春就是春天开始了。

2. 引入古书对立春的解释

师：立春是二十四节气中的第一个节气。经过了万物凋零的冬季，太阳逐渐回归，大地升温，地里的种子苏醒破壳，扎根生长，广阔林野，遍布新绿。

古书中对立春的解释为：“立，始建也。春气始而建立也。”立春期间，气温、日照、雨水开始增多，这一切对人们来说就是春天的前奏，寓意着春天来临了。

3. 立春来历

教师介绍立春节气的相关传说：古代，立春是一个十分重要的节日。相传古时候，立春快到来时，县令会带领人们去土地里挖个坑，然后把羽毛等轻物放到坑里，等到了某个时辰，羽毛会从坑里飘上来，这个时刻就是立春时辰，人们便放鞭炮庆祝，预祝明年风调雨顺、五谷丰登。

4. 立春“三候”

师：春姑娘的到来让大地焕发生机，山坡、田野、树林……目光所到之处都有春姑娘的妙笔。孩子们，这些都是春天到来的信号，这么多的信号你猜猜古人眼中的立春三大信号会是哪些?

学生交流反馈。

教师总结立春“三候”：从立春到下一个节气有15天，人们盼望等候着美好的日子，一候东风解冻，温暖的东风吹起，大地开始解冻；二候蛰虫始振，冬眠的虫子慢慢苏醒，开始出来活动了；三候鱼陟负冰，河里的冰开始融化，鱼开始到水面上游动，水面上还有没完全融化的碎冰片，就好像鱼背负着碎冰片浮在水面上。

（三）习俗说立春

1. 舌尖上的立春

师：在这美好的春日，当然少不了美味的食物了。在立春这一天人们要吃一些春天的新鲜蔬菜，既为防病，又有迎接新春的意味。远在唐朝时期，杜甫在《立春》里也说："春日春盘细生菜，忽忆两京梅发时。"而今天许多地方还保留着这个习俗，北方人以吃萝卜为主，南方人喜爱吃春卷。酥脆的春卷、柔软的春饼、清爽的春盘，真是舌尖上的立春啊！

2. 好玩的立春

师：除了民间小吃，还有很多有趣好玩的活动，一起去看看吧！

教师介绍习俗：

（1）贴春符这种风俗在唐代就有了，据记载，唐代长安人常在门上贴迎春祝吉的字画，来表达对春天的欢迎和喜欢，寄托对美好生活的期盼。

（2）打春牛又叫"鞭春牛"，这种风俗盛行于唐宋两代。农民用泥塑牛，肚子里塞满五谷。立春这一天，人们将泥牛打烂，将泥牛的碎土撒回田地，寓意着送走寒气，让牛儿勤奋地劳动以促进春耕。山西民间流行的春字歌："春日春风动，春江春水流。春人饮春酒，春官鞭春牛。"讲的就是打春牛的盛况。

（3）戴春鸡指妇女用乌金纸或布帛剪制成燕子、鸡、柳枝、花卉、蝴蝶等花鸟虫卉样式，意在禳凶邪、求吉利。"春已归来，看美人头上，袅袅春幡"。（辛弃疾《汉宫春·立春日》）

（4）立春后，人们在春暖花开的日子里，喜欢外出游春，俗称出城探春、踏春，这是春游的主要形式，也是人们最喜欢的活动。

3. 立春习俗知多少

师：每个地方的立春习俗都不一样，孩子们，你的家乡在春天又有哪些习俗呢？

学生小组交流自己家里是怎样过立春的。

（四）“诵”别立春

1. 回味春之美

一年之计在于春，万物勃发、杨柳拂堤、莺歌燕舞常常触动诗人的无限豪情，提到春天你脑海中浮现出哪些描写春天的诗句呢？让我们一起回味春之美。

2. 质疑留趣

师：好玩又好吃的立春，你喜欢吗？二十四节气还有很多有意思的故事和习俗等着你去发现。

“雨水”教学设计

深圳市宝安区灵芝小学　田　薇

【教学目标】

（1）了解与雨水有关的知识、习俗等，感受雨水带给我们的文化情趣。

（2）培养学生对传统文化的喜爱，激发学生对传统文化的兴趣。

【教学重难点】

重点：了解雨水的来源及传承民俗文化，建立起对传统文化的兴趣。

难点：引导学生主动探索传统节日的历史渊源、独特情趣。

【教学准备】

（1）教师准备课件。

（2）学生课前收集雨水节气相关资料。

【教学安排】

1课时。

【教学过程】

板块一：谈话交流激发兴趣

（1）师：亲爱的同学们，请回忆一下，上节课我们学习的是什么节气呢？它又有什么习俗呢？是的，就是立春。立春，春气始而建立也，寓意着春天来临了，有吃春卷、贴春符、打春牛等有趣的习俗，那今天就让我们继续走进二十四节气之雨水吧！

（2）播放视频，激趣引入。

板块二：雨水知识知多少

1. 说文解字话雨水

（1）分享交流：你知道雨水的哪些知识？

（2）师：雨水是二十四节气之中的第二个节气，此时东风解冻，气温回升，冰雪融化，散而为雨，降水增多，故名“雨水”。每年公历2月18日前后为雨水节气，此时太阳到达黄经330°。

2. 雨水气候各不同

过渡：雨水一是指天气回暖，降水量逐渐增多了；二是指在降水形式上，雪渐少了，雨渐多了。《月令七十二候集解》中说：“正月中，天一生水。春始属木，然生木者必水也，故立春后继之雨水。且东风既解冻，则散而为雨矣。”意思是说，雨水节气前后，万物开始萌动，春天就要到了。在《逸周书》中就有雨水节后“鸿雁来”“草木萌动”等物候记载。

（1）出示雨水“三候”：“一候獭祭鱼；二候鸿雁来；三候草木萌动。”

（2）生读一读并猜测意思

预设：此节气，水獭开始捕鱼了，五天过后，大雁开始从南方飞回北方；再过五天，草开始抽出嫩芽。

（3）同学们，雨水时节在不同的地方其实气候特点还不一样呢！你们知道有什么区别吗？

预设：虽然进入了雨水节气，但是北方大部分地区尚未入春，仍然很冷。兰州、西宁、乌鲁木齐、沈阳等西北、东北地区还依然没有走出冬天的范畴，月平均气温还在零摄氏度以下，降水也以雪为主。西南、江南的大多数地方则是一幅早春气象，而到了华南地区如广州、南宁、海南岛，还有深圳则又是另一番春意盎然、百花盛开的景象。真可谓是雨水生九子，各有各不同呀！

板块三：雨习俗我知道

过渡：那雨水时节我们又有哪些不一样的风俗呢？

1. 自读故事

自由阅读雨水的习俗，选择其中最感兴趣的一个说一说。

2. 说说习俗

选择一个喜欢的习俗故事，给全班同学讲一讲。

3. 交流感悟

你认为这些习俗还有必要流传下去吗?

预设：这些习俗过时了，有的还有封建迷信的思想，不可取；这些习俗虽然离我们很远，但很有特色，表达了劳动人民对美好生活的向往，也是我们传统文化的一部分。

板块四：展示活动情谊长

过渡：同学们，除了这些有意思的民间习俗，在中华民族几千年的文化长河中，雨水还有很多有趣的地方，现在请你们分组展示一下你们眼中的雨水吧！（课前准备，课中分小组展示。）

1. 品一品

收集古诗的小组展示古诗诵读或吟唱，如《春夜喜雨》《早春呈水部张十八员外》等。

2. 画一画

喜爱画画的学生展示自己创作的春雨图。

3. 唱一唱

喜爱唱歌的学生和小伙伴们一起唱一唱关于春雨的歌曲。

小结：荷开雁归，大地春回，江南春雨，朦胧如诗。亲爱的同学们，二十四节气还有很多有意思的故事、习俗等着你去发现呢！让我们下次再会！

附：教学资源链接

一、雨水古诗

春夜喜雨

（唐）杜 甫

好雨知时节，当春乃发生。

随风潜入夜，润物细无声。

野径云俱黑，江船火独明。

晓看红湿处，花重锦官城。

早春呈水部张十八员外

（唐）韩 愈

天街小雨润如酥，草色遥看近却无。

最是一年春好处，绝胜烟柳满皇都。

二、雨水习俗

（1）回娘屋：回娘屋是流行于川西一带的一项风俗。民间到了雨水节气，出嫁的女儿纷纷带上礼物回娘家拜望父母。生育了孩子的妇女，须带上罐罐肉、椅子等礼物，感谢父母的养育之恩。久不怀孕的妇女，则由母亲为其缝制一条红裤子，贴身穿着，据说，这样可使其尽快怀孕生子。此项风俗现仍在农村流行。

（2）拉保保：拉保保是流行于四川一些地区的汉族特色习俗，又称拉保爷、拜干爹、闯拜、寄拜，是取“雨露滋润易生长”之意。

（3）接寿：在我国一些地区，在雨水的这一天，女婿要去给岳父母送节，送节的礼品一般是两把藤椅，藤椅上缠着一丈二尺长的红带，称为“接寿”，意思是祝愿岳父母福寿绵长、长命百岁。

（4）占稻色：所谓占稻色，就是通过爆米花的成色来占卜该年稻谷收获的丰歉。成色高代表该年稻子收成好；如果爆出来的米花少，则代表收成不佳，米价将贵。有记载可考于宋代，南宋范成大《吴郡志》提道：“爆糯谷于釜中，名孛娄（bèi lóu），亦曰米花。”

（5）雨水时节还有吃葱油饼、芥菜饭的习俗。据传，芥菜饭源于乾隆年间，乾隆皇帝南巡，到了一户因家境贫寒无法进京赶考的学子家中。到了午饭时间，学子家里米粮不够了，他心中一动，用后院地里的芥菜来凑。乾隆饥饿间只觉美味，赞不绝口，忙问来历，学子媳妇道：“这叫芥菜饭，吃了不会生疥疮。”遂流传开来。

“惊蛰”教学设计

深圳市宝安区灵芝小学 田 薇

【教学目标】

（1）通过猜图片、讲故事等环节感知惊蛰的含义、历史；通过“祭白虎”“打小人”等民俗让学生对惊蛰节气的民间习俗产生浓厚的兴趣；通过品味相关古诗词带领学生感受百姓和文人眼中的惊蛰节气，并增加学生的文学积累等。

（2）通过各种活动形式激发学生对民族文化的喜爱之情。

【教学重难点】

重点：了解惊蛰的来源及其传承的民俗文化，建立起对传统文化的兴趣。

难点：引导学生主动探索传统节日的历史渊源、独特情趣。

【教学准备】

课件。

【教学安排】

1课时。

【教学过程】

板块一：猜图导入，揭示课题

（1）师：亲爱的同学们，今天让我们继续走进我国优秀的传统文化——二十四节气。今天我们要了解哪个节气呢？别着急，咱们先来玩个看图猜字的游戏吧！

（2）（出示“惊蛰”二字图片）生交流。

师：这就是我们今天要了解的节气——惊蛰。蛇虫鼠蚁，冬眠藏伏，不饮不食，此为“蛰”；春雷始鸣，惊醒百虫，万物生长，此为“惊”；故，惊蛰之时，大地回暖，春雷滚滚，万物复苏。

板块二：了解由来，初识惊蛰

1. 惊蛰含义

（1）师：惊蛰是二十四节气中的第三个节气，仲春之始。在每年公历3月5日—6日，太阳到达黄经345° 时。它的含义是：春雷乍动，惊醒了蛰伏在土中冬眠的动物。

（2）来，让我们一起读读这段话吧！

生：《月令七十二候集解》中说，“二月节，万物出乎震，震为雷，故曰惊蛰。是蛰虫惊而出走矣”。因此惊蛰也称为“二月节”。

师：那这被称为二月节的惊蛰又和立春、谷雨有什么不一样的特点呢？

2. 惊蛰“三候”

（1）师：同学们，在古代呀，古人虽然没有精良的科技手段测试温度、天气，但是他们可以通过对自然现象的观察，根据大自然的一些物化现象来判断时节气候。这就是节气“三候”了，那惊蛰的“三候”是什么呢？

（2）生交流。

（3）一候，桃始华：桃花开始开花，自此渐盛。

二候，黄鹂鸣：黄鹂鸣叫，动物开始求偶。

三候，鹰化为鸠：春气温和，连鹰都变得像斑鸠一样温柔了。

（4）借助图片，感受惊蛰时节的美景（课件播放春天的图片）。

小结：同学们，有句谚语说，“惊蛰过，暖和和”。如果说第一个节气立春，严格来说顶多只是春天这部辉煌歌剧的前奏或序曲，那雨水则是冬天和春天交战最激烈的时候。而只有到了惊蛰，才进入了真正意义上的多彩春天。

3. 惊蛰的故事

（1）师：同学们，惊蛰在最初的节气里并不是排名第三，而是紧接在立春之后，是第二个节气。这里又有什么有趣的事呢？让我们一起走进惊蛰的故事吧！

（2）讲述故事。

惊蛰在历史上曾被称为“启蛰”，乃是二十四节气中的第二个节气。启蛰，本意为在这个时节，蛰虫开始活动。《大戴礼记》中的《夏小正》便有道：“正月启蛰，言始发蛰也。”后为避开汉景帝刘启名讳，将“启蛰”改为“惊蛰”，与雨水交换顺序变为第三节气，意义也有转化，指的是春天来临后春雷乍响，惊醒冬眠蛰居的动物。可以说惊蛰的这次改名引发了节气史上的一次巨变，从此二十四节气的顺序就变为立春—雨水—惊蛰—春分。虽然到唐代有所混乱，但大衍历再次使用了“惊蛰”一词，并沿用至今。

板块三：感知习俗，走近惊蛰

（1）师：惊蛰对于人们来说是非常重要的日子，惊蛰的到来意味着万物从寒冬中苏醒，崭新的一年又开始了。每到惊蛰这一天，中国的很多地方都有跟惊蛰相关的习俗，你知道的有哪些?

（2）生分享。

（3）师生交流（见资源链接）。

小结：同学们，无论什么样的习俗，可以说都寄托了古代劳动人民对美好生活的向往，蕴含了古代劳动人民的智慧，是值得我们尊重、怀念的。

板块四：诗说惊蛰，别样情怀

（1）师：自古以来，诗人们喜欢在惊蛰日抒发自己的情怀。现在让我们也学着诗人们的样子，一起来感受这古诗里别样的惊蛰吧！

（2）生自读、齐读。

惊蛰家人子辈为易疏帘

（宋） 范成大

二分春色到穷阎，儿女祈翁出滞淹。

幽蛰夜惊雷奋地，小窗朝爽日筛帘。

惠风全解墨池冻，清昼胜翻云笈签。

亲友莫嗔情话少，向来屏息似龟蟾。

闻雷

（唐）白居易

瘴地风霜早，温天气候催。
穷冬不见雪，正月已闻雷。
震蛰虫蛇出，惊枯草木开。
空余客方寸，依旧似寒灰。

观田家

（唐）韦应物

微雨众卉新，一雷惊蛰始。
田家几日闲，耕种从此起。
丁壮俱在野，场圃亦就理。
归来景常晏，饮犊西涧水。
饥劬不自苦，膏泽且为喜。
仓廪无宿储，徭役犹未已。
方惭不耕者，禄食出闾里。

自惊蛰之日起，农民就没有“几日闲”的景象，家里的青年、妇女、孩子都开始早出晚归，田野里、菜圃里，到处都是他们忙碌的身影，但只要看到雨水滋润禾苗，庄稼有好的收成，即使又累又饿他们也不会觉得辛苦。

（3）到了现代，惊蛰在文人们的笔下又有了新的味道（见拓展资料）。

板块五：质疑留趣，激发情感

（1）同学们，你有什么想说的吗？（生谈本节课的收获）

（2）总结：亲爱的同学们，今天我们聊了关于惊蛰的那些事，除此之外，在惊蛰时节你还能看到什么呢？你还能听到什么呢？你还能闻到什么呢？你还能触摸到什么呢？你还能感受到什么呢？让我们一起去探寻惊蛰的自然密码吧！二十四节气还有很多有意思的故事和习俗等着你去发现呢！让我们下次再会。

【布置作业】

实践活动：①回去熬熬雪梨汤；②找找惊蛰的足迹。

附：教学资源链接

一、惊蛰习俗

1. 吃梨

清雍正年间，惊蛰之日，晋商渠百川走西口，其父拿出梨让他吃后说："先祖贩梨创业，历经艰辛，定居祁县，今日惊蛰你要走西口，吃梨是让你不忘先祖，努力创业，光宗耀祖。"渠百川走西口经商致富，将开设的字号取名"长源厚"。后来走西口者也效仿吃梨，多有"离家创业"之意，再后来惊蛰日也吃梨，亦有"努力耀祖"之念。

2. 祭白虎

民间传说白虎是口舌、是非之神，每年都会在惊蛰这天出来觅食，开口噬人，犯之则在这年之内常遭邪恶小人兴风作浪，阻挠前程发展，引致百般不顺。人们为了自保，便在惊蛰那天祭白虎。

3. 打小人

惊蛰象征二月份的开始，会平地一声雷，唤醒所有冬眠中的蛇虫鼠蚁，家中的爬虫走蚁则会应声而起，四处觅食。所以古时惊蛰当日，人们会手持清香、艾草，熏家中四角，以香味驱赶蛇、虫、蚊、鼠和霉味，久而久之，渐渐演变成不顺心者拍打对头人和驱赶霉运的习惯，亦即打小人的前身。

4. 蒙鼓皮

在古人的想象中，雷神是位鸟嘴人身、长了翅膀的大神，且一手持锤，一手连击环绕周身的许多天鼓，发出隆隆的雷声，所以，惊蛰这天，天庭有雷神击天鼓，人间也利用这个时机来蒙鼓皮。

（出自百度百科）

二、拓展阅读

二十四节气令我们惊叹叫绝的，除了它与物候、时令的奇异吻合与准确对应，还有一点，是它的一个个东方田园风景与中国古典诗歌般的名称。这是语言瑰丽的精华，它们所体现的汉语的简约性与表意美，使我们后世的汉语运用者不仅感到骄傲，也感到惭愧。

“惊蛰”，两个汉字并列一起，即神奇地构成了生动的画面和无穷的故事。你可以遐想：在远方一声初始的雷鸣中，万千沉睡的幽暗生灵被唤醒了，它们睁开惺忪的双眼，不约而同，向圣贤一样的太阳敞开了各自的门户。这是一个带有“推进”和“改革”色彩的节气，它反映了对象的被动、消极和等待状态，显现出一丝善意的冒犯和介入，就像一个乡村客店老板凌晨轻摇他诸事在身的客人：客官，醒醒，天亮了，该上路了。

仿佛为了响应这一富有“革命”意味的节气，连阴数日的天气情况，今天豁然晴朗了（不是由于雨霁或风后）。整面天空像一个深隐林中的蓝色湖泊或池塘，从中央到岸边，依其深浅，水体色彩逐渐减淡。小麦已经返青，在朝阳的映照下，望着满眼清晰伸展的茸茸新绿，你会感到，不光婴儿般的麦苗，绿色自身也有生命。而在沟壑和道路两旁，青草破土而出，连片的草色已似报纸头条一样醒目。柳树伸出了鸟舌状的叶芽，杨树拱出的花蕾则让你想到幼鹿初萌的角。在田里，我注意到有十几只集群无规则地疾飞鸣叫的小鸟（疑为百灵）；它们如精灵，敏感、多动、忽上忽下；它们的羽色近似泥土，落下来便会无影无踪；我曾试图用望远镜搜寻过几次，但始终未能看清它们。可爱的稚态、新生的活力、知前的欢乐、上升的气息以及地平线的栅栏，此时整个田野很像一座太阳照看下的幼儿园。

“惊蛰过，暖和和。”到了惊蛰，春天总算坐稳了它的江山。

（选自《大地上的事情》）

“春分”教学设计

深圳市宝安区灵芝小学　田　薇

【设计思路】

本课分为四个板块，通过话春分引领学生走进春分时节，了解春分特点；通过探春分了解春分习俗，特别是竖鸡蛋游戏更是让学生们感受到节气的趣味；品春分环节通过对农谚和相关古诗词的学习，让学生感受百姓和文人眼中的春分节气，并增加了学生的文学积累；绘春分环节通过写一写、画一画的方式进一步培养学生对节气和传统文化的热爱之情。

【教学目标】

（1）了解与春分有关的习俗，感受春分带给我们的文化情趣。

（2）玩一玩竖鸡蛋，从中体验春分节气的科学现象，感受自然界的奇妙。

（3）继续培养学生热爱传统文化的情怀。

【教学准备】

（1）教师准备课件。

（2）学生搜集与春分有关的谚语、习俗。

【教学过程】

板块一：话春分

1. 导入

师：同学们，“春雨惊春清谷天”，送走了立春、雨水、惊蛰，转眼我们来到了二十四节气的第四个节气——春分。春分可谓是一年中最美的时节，春分一到，春风盈袖，水波荡漾，花红柳绿。今天就让我们走进美丽的春分吧！

2. 春分的由来

（1）春分传说。

说起春分呀，它的来历可不一般。在很久很久以前，有一位深爱子民、关心民间生活的帝王，叫炎帝。因为看到子民没有粮食吃，他就向上天祈求降予民间五谷的种子。上天派来一只浑身红色的丹雀把五谷种子送到炎帝手上。可是人们种了这五谷种子后却并没有获得更多的粮食，怎么回事呢？原来是太阳躲起来睡着了，五谷的种子没有接收到足够的太阳光，因此开不出花结不出果来。炎帝问上天怎样才能把太阳找出来，上天回答说：“只要有一个人在春分这天，骑上五色鸟到蓬莱岛，便能找到太阳。”于是在春分这天，炎帝骑上五色鸟飞越万里大海，到蓬莱岛找到了太阳并把太阳挂在家乡的城头，让太阳光普照在大地上。从此大地五谷丰登，万民安乐。春分的传说还有很多呢，有兴趣的同学不妨课后多了解一下哦。

（2）春分含义。

① 请生自由谈一谈对春分的认识。

② 师（春分简介）：春分，古时又称为“日中”“日夜分”“仲春之月”。《历书》中记载：“斗指壬为春分，约行周天，南北两半球昼夜均分，又当春之半，故名为春分。”春分是春季的中分点，二十四节气之第四个节气，此时太阳位于黄经0°（春分点）。每年公历大约为3月20日左右，太阳几乎直射地球赤道，全球各地几乎昼夜等长。

（3）春分“三候”。

① 出示“三候”，生读一读、猜一猜。

师：我国古代将春分分为“三候”：一候玄鸟至；二候雷乃发声；三候始电。意思是说春分日后，燕子开始从南方飞回来，下雨时天空会打雷并发出闪电。

② 春分在古代史书中还有很多不同的记载呢，让我们一起来了解一下吧！（出示，生读一读）。

《月令七十二候集解》：“二月中，分者半也，此当九十日之半，故谓之分。”

《春秋繁露・阴阳出入上下篇》："春分者，阴阳相半也，故昼夜均而寒暑平。"

《明史・历一》："分者，黄赤相交之点，太阳行至此，乃昼夜平分。"

师：所以春分的意义，一是指一天时间白天、黑夜平分，各为12小时；二是古时以立春至立夏为春季，春分正当春季三个月之中，平分了春季。春分是阿富汗、伊朗、土耳其、乌兹别克斯坦等国的新年，距今已有三千多年的历史。

板块二：探春分

过渡：同学们，春分是一个极其美妙的节气，它不仅是春天的中点、昼夜等分之日，还是两个大有深意的节气——惊蛰与清明的中间节点，那这个有趣的节气里又有些什么不一样的风俗、活动呢？

1. 探风俗

（1）生自由发言。

（2）交流总结。

① 吃春菜（岭南风俗）。昔日四邑（加上鹤山为五邑）的开平苍城镇的谢姓，有个不成文的习俗，叫作"春分吃春菜"。人们祈求的还是家宅安宁、身壮力健。

② 春分送春牛。春分时节一到，便出现挨家送春牛图的。其图是把两开红纸或黄纸印上全年农历节气，还要印上农夫耕田图样，名曰"春牛图"。

③ 春分粘雀子嘴。春分这一天农民都按习俗放假，每家都要吃汤圆，而且还要把不用包心的汤圆十多个或二三十个煮好，用细竹叉扦着置于室外田边地坎，名曰粘雀子嘴，免得雀子来破坏庄稼。

④ 春分放风筝。春分时节还是孩子们放风筝的好时候。尤其是春分当天，甚至大人们也参与。

⑤ 春分春祭。二月春分，开始扫墓祭祖，也叫春祭。

⑥ 春分拜日。在周代，春分有祭日的仪式。春分最主要的习俗是祭日，最早从周代就开始了。《礼记》中说："祭日于坛。"唐代孔颖达做疏称："谓春分也。"此俗历代相传。清人潘荣陛在《帝京岁时纪胜》中说："春分祭日，秋分祭月，乃国之大典，士民不得擅祀。"日坛，就是这样的地方，坐落在北京朝阳门外东南日坛路东，又叫朝日坛，是明、

清两代皇帝在春分这一天祭祀大明神（太阳）的地方。

2. 趣体验

师：同学们，民间春分时节还有一个非常有趣的活动叫“竖蛋”，有人对这项活动有所了解吗？（请学生自由说。）

（1）学生交流讨论自己对竖蛋活动的了解，教师小结。

在每年的春分这一天，世界各地都会有数以千万计的人在做竖蛋试验。这一被称为“中国习俗”的玩意儿，至今已经成为世界游戏。玩法简单易行且富有趣味：选择一个光滑匀称、刚生下四五天的新鲜鸡蛋，轻手轻脚地在桌子上把它竖起来。春分成了竖蛋游戏的最佳时光，故有“春分到，蛋儿俏”的说法。

（2）尝试竖蛋，体会乐趣。

师：老师看到大家说得眉飞色舞，好多同学都摩拳擦掌跃跃欲试了，还等什么呢，轻轻请出你亲爱的蛋宝宝，四人小组开始竖蛋比赛吧！

（3）揭示竖蛋成功与春分的关系。

小结：春分这一天为什么鸡蛋容易竖起来？虽然说法颇多，但其中的科学道理真不少。首先，春分是南北半球昼夜都一样长的日子，呈66.5°倾斜的地球地轴与地球绕太阳公转的轨道平面处于一种力的相对平衡状态，有利于竖蛋。

板块三：品春分

过渡：春分是二十四节气中的第四个节气，代表春季已经过半。我国南方地区已进入仲春之日，迎来春意融融的大好时节。“青梅如豆柳如眉，日长蝴蝶飞。”“雨霁风光，春分天气。千花百卉争明媚。”……古往今来众多文人墨客纷纷为春分挥毫泼墨，留下众多名篇佳句，让我们一起来感受下吧！

1. 学习农谚

春分秋分，昼夜平分。

春分不暖，秋分不凉。

春分刮大风，刮到四月中。

春分有雨家家忙，先种瓜豆后插秧。

春分无雨划耕田，春分有雨是丰年。

（1）请你自己再来读读这些谚语吧！读了这些农谚，你读懂了什么？

（2）尝试用拍手歌的方式来记一记这些谚语。

2. 学习古诗

师：农民伯伯喜欢春分，春分给了他们新一年的新希望。诗人眼中的春分是怎样的呢？关于春分的古诗有很多，今天我们就一起来诵读一首吧！出示古诗：

七绝·苏醒

（五代） 徐 铉

春分雨脚落声微，柳岸斜风带客归。

时令北方偏向晚，可知早有绿腰肥。

赏析：春分时节春雨洋洋洒洒落下来，万物复苏，杨柳岸斜风轻拂带回远方的客人。这个时节北方要来得晚一些，气候的回暖北方也慢于南方，此时的南方已是草长莺飞、花红柳绿了。

3. 欣赏美文

师：春分是欧阳修“雨霁风光，春分天气。千花百卉争明媚”那一阕风光旖旎的婉约词；春分是崔融“春分自淮北，寒食渡江南……遥思故园陌，桃李正酣酣”缠绵悱恻的思乡诗；春分是苏轼笔下“雪入春分省见稀，半开桃李不胜威……从今造物尤难料，更暖须留御腊衣”那一场出人意料的三月雪。那春分还是什么呢？请阅读下面的一则小散文，谈谈你的感受。

（1）默读散文。

（2）交流感受。

预设1：春分不仅是天气，不仅是诗词，它融化在我们的生活里……

预设2：春分，就是不一样，温暖、清新、明朗，还带着淡淡的甜味儿……

（3）写一写。

把你的感受，你眼中、心中的春分写下来。

板块四：绘春分

师：同学们，春分时节，风和日丽，昼夜均衡，大自然一派生机。它如一纸暖暖的宣言，告诉大千世界的人们，新的希望已经孕育，新的征程已经开始。今天，我们了解了春分节气的来历、习俗，学习了春分的农谚、古诗，还玩了竖鸡蛋的游戏，关于春分你还有什么想了解的吗？课后大家还可以背诵一首关于春分的古诗，画一画春分的图画，也可以用手机拍一拍春分的美景。总之，让我们一起去探索，把更多美好的春分留在心间。

【布置作业】

（1）选择喜欢的方式展示你眼中的春分。（背诵一首关于春分的古诗，画一画春分的图画，也可以用手机拍一拍春分的美景）

（2）了解更多其他节气的资料。

附：教学资源链接

一、春分历史传说

春分历史传说一：炎帝抱日。现在，许多地方流传着春分拜太阳的风俗，这个风俗的来源挺有趣的。传说我们的人文始祖炎帝，他非常热爱他的子民，当他发现人们因为缺乏食物而吃不饱时，就长时间跪在地上，以实际行动祈求上天赐给人们五谷，用以种更多品种的粮食。上天有感于炎帝的诚意，就派丹雀送来五谷的种子，炎帝将这些种子分发给他的子民种植。

但是，种下的五谷迟迟没有收成，炎帝便去询问上天，上天说，那是因为太阳在东海的蓬莱睡着了，没有出来，光照不够，所以五谷不能很好地结果实。因此只有在春分时把太阳重新唤出来，才能让五谷结出丰满的果实。

炎帝听后，决定在春分那天去东海蓬莱把太阳给抱来。他到那里后，果真看到太阳正在睡觉，于是他就抱着太阳回来了。回到家后，他就把太阳挂到天上，从此暖洋洋的太阳照耀着大地，五谷果实丰满，他的子民们再也不用饿肚子了。

人们为了感恩炎帝，就尊炎帝为太阳神，在每年的春分这天，向着太阳礼拜，这就是春分拜日的历史故事。

春分历史传说二：客家春祭。古时候，名门望族在春分或者秋分的时候，要在祠堂举行春祭和秋祭仪式。这一天族人们打扫庭院、清理祭具、摆三牲、上香烛和供品等以祭拜祖宗，由族中长者率族众一起焚香点烛，行三跪九叩之礼。祭毕全宗族还要设宴欢聚以联络感情。

春分历史传说三：花王生日。俗传花王生日也是百花生日，叫花朝节，是在农历二月二十五日，即在春分前后。唐诗《早春》中就有“伤怀同客处，病眼即花朝”的诗句。关于民间花朝节的具体日期，古籍里有不同的说法。宋时《诚斋诗话》记载了东京（今河南开封）二月十二日花朝节为扑蝶会的盛况。而《翰墨记》则把洛阳的花朝节记载为农历二月二日。花朝节的时候，大街小巷举行“张花神灯”活动，各种灯都以当地所产的半透明可以做雨伞的油纸，糊成伞形、六角形，所以也叫“凉伞灯”，灯上镂花卉、珍禽、异兽等。根据清朝王韬《瀛土需杂志》记载：“出灯多者，至二三百盏，间以五彩吴绫折枝花灯……或扎彩为亭，高可三四丈，间饰龙凤，以云母石为鳞甲，上下通明，光照数丈。”

（选自《百度·熬心》）

二、经典美文

错过了惊蛰，今天没有错过春分。

一早，孩子们就带着风筝来到学校，因为今天下午要举行传统活动——放风筝。

孩子就是孩子，一二年级的学生早就忘记了早读的要求，也忘记了晨扫的习惯，他们举着各式各样的风筝满操场跑，老师们看见了也不忍破坏他们的兴致，笑一笑摇摇头，任凭他们玩吧。没有一个孩子将风筝放上天空，但是，只要风筝高过他们的头顶，在风中张起翅膀，他们就是快乐的。其实，快乐就是如此简单。

下午，如期举行了放风筝比赛，放学的铃声响起后，校园很快安静了下来，大概大家都要赶回家吃汤圆吧。

我没有回家，在露台上迎着夕阳拾掇我的花草。我将冬季放在角落里的花搬上阳台，将每一盆花的接水盘都装满了水。春分来了，我要让它们也充分享受春光。这些花没有一盆是名贵的，但是，看着它们在春光里生机盎然，装点我那朴素的露台，我很感激它们。站在露台上，极目远眺，雨后的茶园在夕阳里格外明朗，人们正忙着采茶，像一幅清新的水墨画。今年的松树花开得特别多，花粉飘进我的屋里，落得满桌子都是。

我搬来椅子，躺在夕阳里，天高云淡，小燕子轻快地飞过，一只小麻雀落在阳台的栏杆上，它低头看看我的花草，又看看我，最后，轻轻地跳到花盆旁边，在我刚刚加满的接水盘里小饮了几口，然后梳理一下自己的羽毛，在夕阳里展开透亮的翅膀，飞走了。

起风了，带来了校园外松花的气息。我在想，此刻回到家的孩子们会不会像我们小时候那样，举着风筝在田埂上疯跑呢？这时，厨房的王姐给我送来一袋汤圆，她告诉我，是甜味儿的。

春分，就是不一样，温暖、清新、明朗，还带着淡淡的甜味儿……

（选自《短美文网》）

“清明”教学设计

深圳市宝安区灵芝小学　叶小美

【教学目标】

（1）能全面正确地了解清明的含义、特征和习俗。

（2）能观察记录生活，深切感受清明的文化内涵。

（3）增强对传统文化的认同感，热爱民族文化，主动传承和弘扬民族文化。

【教学重难点】

了解清明的相关农谚、习俗、诗歌，深切感受清明的文化内涵。

【教学准备】

（1）教师搜集清明的相关资料，制作PPT。

（2）学生向大人了解清明的民间活动，搜集与清明有关的谚语、古诗。

【教学过程】

（一）初识清明

（1）重温节气歌：同学们，我们一起朗读一遍《二十四节气歌》。

春雨惊春清谷天，夏满芒夏暑相连。

秋处露秋寒霜降，冬雪雪冬小大寒。

（2）朗读节气名：你能把节气歌里二十四节气的名称念一下吗？

立春，雨水，惊蛰，春分，清明，谷雨；

立夏，小满，芒种，夏至，小暑，大暑；

立秋，处暑，白露，秋分，寒露，霜降；

立冬，小雪，大雪，冬至，小寒，大寒。

（3）引出清明：你知道“春雨惊春清谷天”中的“雨”代表什么吗？第二个“春”呢？那“清”呢？

这里的“清”代表“清明”。

（二）印象清明

交流讨论：同学们，你对清明知道多少呢？

小结：清明既是非常重要的节气也是我们祭祀祖先的传统节日。同时，清明还有另外一个重要活动就是踏青。

（三）走近清明

1. 清明的源头

说到清明，千万要注意它和春节、中秋、端午不同，并不是一个农历节日哦，它属于公历范畴，对应公历4月5日前后。目前的岁节体系中，只有清明既是节气又是节日。作为节气概念，清明在先秦时期就已经出现了，《管子》中即有“十二清明，发禁”的记录。《逸周书》记载了清明的节候特征：“清明之日，桐始华；又五日，田鼠化为鴽；又五日，虹始见。”到了唐代，清明节才逐步糅合其他节日，成为正式的清明节。

2. 清明的含义

在二十四节气中清明兼具节气与节日两种身份。清明作为节气早在汉代以前即已出现，每年的4月5日前后，太阳到达黄经15°，是为清明。《岁时百问》中载：“万物生长此时，皆清洁而明亮，故谓之清明。”“清明”二字表明天清地明的时刻已经到来，万木凋零的寒冬完全褪去，大地上冰雪消融，草木萌动，一派欣欣向荣。

3. 清明的谚语

清明是非常重要的一个节气，最重要的是我们要多活动。我们来看看一些谚语：

（1）清明暖，寒露寒。

这里有气象学的问题，如果清明时节暖和，你可以观察感受一下寒露时节是不是寒冷。

（2）清明有雾，夏秋有雨。

清明如果有雾，看看夏秋是不是有雨天。

（3）雨打清明前，洼地好种田。清明前后，种瓜点豆。

清明前后我们可以下地播种了。我们还可以用种子做实验来验证这句谚语，如取一样的种子在不同的时节播种，观察记录清明时节播种是不是收获更多。

（4）清明喝个饱（施肥），瘦苗能长好。

这个时候给庄稼施肥，庄稼就会茁壮成长，你们可以去田地观察。

小结：清明到，南方的自然表现特别明显，万物复苏，百花争艳。但是，有些人的家乡在北方，那里的清明又有什么特点呢？又有什么谚语呢？同学们课后可以去搜集一些资料做好记录。希望同学们能通过亲身感悟总结出清明的谚语。

（四）感悟清明

1. 出示古诗《清明》

（1）PPT出示。

清　明

（唐）杜　牧

清明时节雨纷纷，路上行人欲断魂。

借问酒家何处有？牧童遥指杏花村。

（2）从这首诗中你感觉到了什么？

（3）这里的“清明时节雨纷纷”，一般指我国南方春季降水频繁，正因为如此才为农作物生长提供了充足的水分。这首诗还隐藏着两个重要信息，你们知道吗？

（4）清明节习俗主要包含着“欲断魂”的祭祀活动。

图片展示：传统祭祀和现代鲜花祭祀。

（5）清明节习俗还包含着“杏花村”的踏青游乐活动。

古代踏青：北宋画家张择端的《清明上河图》生动描绘了汴京人们扫墓踏青归来时的热闹场景。

现代踏青：放风筝，播放歌曲《又是一年三月三》。

2. 播放刘冬颖吟唱的《清明》

清明时节雨纷纷呐，路上行人欲断魂呐。

借问酒家何处有哎？牧童遥指杏花村呐。

3. 拓展延伸

（1）古诗拓展。

窗中草色妒鸡卵，盘上芹泥憎燕巢。——温庭筠《寒食日作》

府酝伤教送，官娃岂要迎。——白居易《洛桥寒食日作十韵》

野店垂杨步，荒祠苦竹丛。——范成大《寒食郊行书事》

暗柳啼鸦，单衣伫立，小帘朱户。——周邦彦《琐窗寒·寒食》

（2）资料延伸。

清明时节，人们通过特定的节日食品，表达着敦亲睦族、慎终追远、平安康泰等美好祝愿。清明节由于其与寒食节的关系，节日食品多是冷食，有鸡蛋、春饼、青团、清明饭、螺蛳、清明粑等。据《东京梦华录》记载，北宋东京“寒食前一日谓之‘炊熟’，用面造枣飞燕，柳条串之，插于门楣，谓之‘子推燕’”。

参考文献

［1］萧放.祭墓与踏青：清明节与中国人的家族情怀［J］.文史知识，2000（4）：35–36。

［2］张勃.清明［M］.北京：生活·读书·新知三联书店，2009.

［3］刘冬颖.古诗词吟唱［N］.人民日报（海外版），2019–04–03.

［4］萧放.二十四节气——中国人的自然时间观［M］.长沙：湖南教育出版社，2017.

“谷雨”教学设计

深圳市宝安区灵芝小学　叶小美

【教学目标】

（1）了解谷雨节气的由来、含义和特征。

（2）通过自主合作探究谷雨节气的习俗，提高学生的综合实践能力。

（3）从谚语和古诗词中感受古人的智慧，体验自然之美，培养健康的审美情趣。

【教学重难点】

（1）了解谷雨的相关谚语、习俗、诗歌。

（2）深切感受谷雨的文化内涵。

【教学准备】

（1）教师搜集谷雨的相关资料，并对学生进行指导，制作PPT。

（2）学生课前搜集整理有关谷雨的习俗。

【教学过程】

（一）回忆节气

1. 图片展示活动

同学们，我们这是在干什么呢？

预设：惊蛰开犁、春分竖蛋、清明祭祀。

小结：不同的节气里有不同的事情要做。那你们还知道哪些节气呢？

预设：我还知道《二十四节气歌》。

2. 朗读节气名称

我们一起朗读二十四节气的名称吧。

立春，雨水，惊蛰，春分，清明，谷雨；

立夏，小满，芒种，夏至，小暑，大暑；

立秋，处暑，白露，秋分，寒露，霜降；

立冬，小雪，大雪，冬至，小寒，大寒。

3. 出日历图

4月20日你看到是什么节气（图1）？

2019年 ▾ | < 4月 ▾ > | 假期安排 ▾ | 返回今天

一	二	三	四	五	六	日
1 愚人节	2 廿七	3 廿八	4 廿九	休 5 清明节	休 6 初二	休 7 初三
8 初四	9 初五	10 初六	11 初七	12 初八	13 初九	14 初十
15 全民国...	16 十二	17 十三	18 十四	19 十五	20 谷雨	21 十七
22 地球日	23 十九	24 二十	25 廿一	26 廿二	27 廿三	班 28 廿四
29 廿五	30 廿六	休 1 劳动节	休 2 廿八	休 3 廿九	休 4 五四青...	班 5 初一
6 立夏	7 初三	8 初四	9 初五	10 初六	11 初七	12 护士节

2019-04-20
20
三月十六
己亥年【猪年】
戊辰月 丁亥日

宜	忌
搬家	装修
开业	动土
结婚	安床
入宅	上梁
领证	修造
开工	解除
订婚	纳畜
安葬	伐木

图1　2019年4月份日历

（二）谷雨知多少

1. 播放谷雨节气视频

同学们，你们对谷雨了解多少呢？（生分享课前了解的信息。）

小结：每年4月9日—21日，太阳到达黄经30° 时为谷雨。谷雨是二十四节气中的第六个节气，也是春季的最后一个节气。今天就让我们一起走进谷雨时节，开启我们的谷雨之旅吧。

2. 谷雨含义

谁向大家介绍一下谷雨？

PPT出示：

“谷雨”是“雨”与“谷”的交响变奏。天地之气和而生雨，雨生则万物皆利。《礼记·月令》孔颖达疏曰：“谓之谷雨者，言雨以生百谷。”《月令七十二候集解》释谷雨：“三月中，自雨水后，土膏脉动，今又雨其谷于水也……盖谷以此时播种，自上而下也。”

3. 谷雨物候

物候是古代的时钟，依时为事，人与自然达到了至上的融合。来看看谷雨物候。

PPT出示：

初候萍始生，萍水相逢，从流漂荡。

二候鸣鸠拂其羽，布谷鸟啼，春色将尽，家家布谷。

三候戴胜降于桑，戴胜织网，蚕功始作。

（三）谷雨那些事

同学们，你们对谷雨习俗又了解哪些呢？请跟大家分享你们收集的资料吧。

1. 第一小组配乐讲故事：谷雨亲蚕近

我们知道，到谷雨时节，人们就要忙着采桑育蚕了。我的家乡在浙江省，谷雨一过，家家都为养蚕而忙。为了防止惊吓蚕子，各村各户将大门紧锁，声响稀落，官吏催科狱讼之事停止，亲友不相往来，做生意的也全部歇业。养蚕缫丝，是我们当地人主要的生活手段与收入来源，为了保证蚕子顺利生长，人们减少往来，暂停无关活动，保证养蚕环境的清洁，为蚕子健康顺利成长提供保障。

2. 第二小组PPT分享：谷雨花

我们知道“谷雨三朝看牡丹”的谚语，还知道唐末诗人王贞白在《白牡丹》中说：“谷雨洗纤素，裁为白牡丹。异香开玉合，轻粉泥银盘。”这说明牡丹盛开正值谷雨，所以也被称为“谷雨花”。唐代人特别喜欢牡丹，花大色艳，雍容华贵，培养了人们高雅的审美情趣，上至天子，下至庶民，无人不爱牡丹。因为牡丹花不开则已，一开则倾其所有，挥洒净尽，不苟且、不媚俗、不俯就、不妥协，有大家闺秀之沉稳从容，在女性的性格中融入一种大义凛然、英俊挺拔之气，它被称为“百花之王”，当之无愧啊。

3. 第三小组现场制作谷雨茶

小结：古时，春茶被划分为社前茶、火前茶、雨前茶。茶农认为，只有在谷雨这天采的鲜茶叶做的干茶，才算得上是真正的雨前茶。暮春时节，气温渐升，我们一起制作谷雨茶来清凉解暑、辟邪明目吧。

4. 第四小组PPT+视频：谷雨节

内容：昔日仓颉奉黄帝之令造字，成功后上天奖励其功绩，下了一场很大的谷粒雨，谷粒积了一尺多厚，铺满山川平野，解决了饥荒问题。仓颉去世后，祭祀仓颉的日子被定为下谷雨那天，也就是现在的谷雨节。从此以后，每年谷雨节仓颉庙都要举行传统庙会，祭祀仓颉。《淮南子·本经训》也载：“昔者仓颉作书，而天雨粟，鬼夜哭。”

小结：民间不仅流传了谷雨的习俗故事，还有很多谚语，我们一起读读看吧。

（四）谷雨趣谚语

出示谚语：

谷雨下秧，大致无妨。

谷雨种花生，自然好收成。

谷雨栽上地瓜苗，一棵能刨一大筐。

杨树哗啦，快种西瓜。

谷雨时节种谷天，南坡北洼难种田。

高田种麦，低田种稻。

谷雨麦结穗，快把豆瓜种；桑女忙采撷，蚕儿肉咚咚。

（1）这些谚语在告诉我们什么呢？

小结：这里的谚语都是讲种花生、种地瓜、种西瓜……看来谷雨是播种的好时节，也是万物生长的好时节。我们可以摘抄两个谚语记下来。

（2）摘抄至少2个谚语。

（五）谷雨赏古诗词

1. 出示古诗词

渔歌子

（唐）　张志和

西塞山前白鹭飞，桃花流水鳜鱼肥。

青箬笠，绿蓑衣，斜风细雨不须归。

滁州西涧

（唐）　韦应物

独怜幽草涧边生，上有黄鹂深树鸣。

春潮带雨晚来急，野渡无人舟自横。

（1）指名读。读懂了什么？

（2）交流讨论，指导朗读。

2. 吟唱《渔歌子》

（1）播放音频：刘冬颖、张世彬唱《渔歌子》。

（2）我们一起看着歌词试试。

渔歌子

词：唐・张志和

张世彬（后段）

曲：《碎金词谱》

张世彬（后段）

西塞山前白鹭飞，桃花流水鳜鱼肥。青箬笠，绿蓑衣，斜风细雨不须归。轻轻唱起这首歌，微风迎面拂过，水中鱼儿多快活。呜~呜~一行白鹭正飞过，桃花片片飘落，无法形容这快乐，唱着歌。

（六）结束语

今天，我们了解了谷雨的习俗、谚语和古诗，相信你们一定有不少收获。春将归，休叹息，和春同行，百般风光入眼，明万物生长，不负春光。课后让我们继续观察和记录对谷雨的真实感悟吧，希望你们有关于谷雨的新发现，能创造出新的谚语和古诗。

参考文献

[1] 刘冬颖.古诗词吟唱[N].人民日报（海外版），2019-04-03.

[2] 萧放.二十四节气——中国人的自然时间观[M].长沙：湖南教育出版社，2017.

[3] 中国农业博物馆.二十四节气农谚大全[M].北京：中国农业出版社，2016.

夏知炽盛

立夏：立夏是夏季的第一个节气，表示盛夏时节的正式开始。立夏表示告别春天，是夏天的开始，标志着逐渐升温、炎暑将临、雷雨增多，是农作物旺盛生长的重要时节。本节课借助文字、图片，让学生感受立夏的传统习俗，通过演一演，加深学生对“称人”习俗的印象，还通过亲手做乌米饭活动，充分调动了学生的课堂积极性，营造了良好的互动氛围。

小满：小满是夏季的第二个节气。小满节气，天气渐渐变暖，并且降水也会逐渐增多。小满节气意味着进入了大量降水的雨季。本节课通过图片、视频、相关的谚语等让学生自主探究小满节气的特点和习俗，产生画面感，尝试主题创作，提高学生综合实践能力。

芒种：芒种是夏季的第三个节气。芒种的含义是“有芒之谷类作物可种，过此即失效”。芒种时节气温显著升高，雨量充沛，是适宜晚稻等谷类作物耕种的节令。本节课先以古诗趣味导入，让学生结合视频了解芒种这个节气的风俗及饮食文化，最后让学生画小麦并合作交流关于芒种的古诗。这些课堂活动的实施，激发了学生的学习兴趣，使学生感知了芒种的节气文化。

夏至：夏至是夏季的第四个节气。夏为大，至为极，万物到此壮大繁茂到极点，阳气也达到极致。本节课以古诗趣味导入，并结合视频让学生了解夏至这个节气，接着让学生学习测日影的方法，最后诵农谚、读古诗、交流饮食习俗。本堂课的学习能让学生从课堂走向生活。

小暑：小暑是夏季的第五个节气，表示盛夏正式开始。暑，表示炎热的意思，小暑为小热，意指天气开始炎热，但还没到最热。小暑开始进入伏天，天气变化无常。本节课以古诗趣味导入，并结合视频让学生了解小暑这个节气，接着让学生诵农谚、读古诗、交流饮食习俗，最后分享小暑节气食品。通过这些活动的实施，课堂变得有情、有趣、有味。

大暑：大暑是夏季最后一个节气。大暑节气正值三伏天里的中伏前后，是一年中最热的时期。本节课通过谈"暑"趣味导入，让学生通过视频了解大暑节气知识，再交流关于大暑的农谚和古诗，最后交流大暑的饮食习俗并尝试动手制作仙草。通过这些有趣的活动，使学生感知大暑的节气文化。

“立夏”教学设计

深圳市宝安区灵芝小学　熊艳丽

【教学目标】

（1）学习了解立夏的由来、相关农谚、诗歌及各地习俗等知识。

（2）通过吃乌米饭、斗蛋等实践活动，感受立夏带来的快乐。

（3）通过各种活动形式激发学生对民族文化的喜爱之情，传承并发扬民族精神。

【教学准备】

（1）教师准备PPT、石臼、米、水、南烛叶、纱布、乌米饭、斗蛋网。

（2）学生准备鸡蛋（可根据自己的喜好进行装饰）。

【教学过程】

（一）立夏我知道

1. 分享感知，畅谈立夏

自主交流：观察日历，说一说所了解的立夏。

2. 初步认识，了解节气

说文解字：明白“立，开始也”，懂得立夏是告别春天，是夏天的开始。

立夏是二十四节气中的第七个节气。立，即开始，立夏表示即将告别春天，是夏天的开始。人们习惯上都把立夏当作温度明显升高、炎暑将临、雷雨增多、农作物进入旺季生长的一个重要节气。

3. 深入了解，体会习俗

（1）图文共赏。

借助图片，感受立夏时节的传统习俗——秤人（人们在村口或台门里挂起一杆大木秤，秤钩悬一个凳子，大家轮流坐到凳子上面秤人。司秤人一面打秤花，一面讲着吉利话）。

（2）趣味说话。

结合情境说一说，司秤人在遇到老人、孩子、姑娘时分别会说哪些吉利话?

PPT出示：

老人坐上秤，司秤人说：“体重八十七，活到九十一。”

小孩坐上秤，司秤人说：“体重五十六，__________。”

姑娘坐上秤，司秤人说：“__________，__________。”

（本环节通过观察日历，让学生们主动了解每年立夏的时间。说文解字能使学生明白“立夏”之含义。）

（二）乌米喜来尝

1. 听故事，知缘由

（1）自读故事。

自由朗读民间故事，选择其中最感兴趣的一个说一说。

孙膑智逃监狱：战国时期，孙膑被迫害关在猪舍，老狱卒用南烛叶煮出乌黑的乌米饭，偷送给孙膑吃。孙膑不仅靠这个方法活了下来，身体还很健康，最终逃出监狱。孙膑第一次吃乌米饭就是在立夏那天。

孝子目连救母：目连的母亲在十八层地狱受苦受难。目连去地狱看望母亲，但每次备的饭菜都被沿途的饿鬼抢吃一空。他想办法用南烛叶捣汁染米，煮成乌米饭送去，饿鬼们不敢吃那乌米饭。老百姓年年吃乌米饭，纪念目连这位孝子。

杨八姐斗狱卒：宋朝名将杨文广被奸臣陷害入狱，他姑婆杨八姐送饭，常常被狱卒扣下吃了。于是杨八姐想出办法，用南烛叶做饭送去，狱卒看到这种乌黑的食物就不敢吃了。

（2）分享交流。

说说故事：选择一个故事，给全班同学讲一讲。

思考发现：三个故事有什么相似之处？（救人；乌米饭看上去不好吃，实则发挥了巨大作用；依靠智慧解决问题。）

（3）拓展认识。

联系实际：立夏前后，特别是农历四月初八，人们都要吃上一口乌米饭。猜猜吃乌米饭的寓意，师相机小结。

2. 观做法，明步骤

（1）熟悉食材。

自由交流：说一说做乌米饭时所需要的基本材料。

观看步骤：师实物操作，示范过程。

（过程及步骤：①将新鲜的南烛叶稍做清理，放入石臼中捣碎，让叶中的汁液充分渗透出来。②再将捣碎的南烛叶放入装有水的盆中浸泡5小时。③用纱布或滤网将叶渣过滤，留下干净的汁水。④将糯米倒入南烛叶汁水中。⑤将糯米与汁水一起倒入锅中，加水至与米齐平。）

（2）动手实践。

四人小组合作，根据步骤做一做乌米饭。

（3）交流成果。

以此交流、观察成果，指出各小组在制作过程中存在的问题。

3. 尝乌米，说感言

品尝乌米饭，并且能用四字词说一说感受。

（吃乌米饭是立夏时节的重要习俗之一，本环节通过几个动人的故事，让学生们知道吃乌米饭的缘由，了解人们期待传承好运和智慧的心愿。在做乌米饭的环节，先由教师进行实物示范，再让学生根据步骤合作实践。这能让活动有章可循，学生能有条理、有章法地开展动手活动。亲手做乌米饭环节充分调动了学生的课堂积极性，营造了良好的互动氛围，让学生成为课堂的主体。）

（三）斗蛋乐趣多

1. 趣谈斗蛋，通晓规则

（1）了解挂蛋。

观察、介绍自己蛋上的绘画，并了解挂蛋的寓意：立夏胸挂蛋，孩子不疰夏。

（2）欢乐斗蛋。

明确规则：齐读斗蛋规则。（了解蛋分两端，尖者为头，圆者为尾。斗蛋时蛋头斗蛋头，蛋尾击蛋尾。一个一个斗过去，破者认输，最后分出高低。）

2. 小组合作，欢乐斗蛋

以4人为一个小组进行斗蛋，选出一名获胜者，再与其他获胜者进行角逐。

（活动的开展让每位学生乐在其中，他们在欢声笑语中明白立夏时节挂蛋、斗蛋能给人带来福气与幸运。）

（四）农谚欢诵会

诵读农谚，知道理。

1. 以读知理

立夏前后，种瓜点豆。

立夏麦咧嘴，不能缺了水。

立夏不触地，冬天饿肚皮。

随机请小组朗读农谚，再说一说读懂了什么。

2. 背诵农谚

小组内背诵，全班齐诵。

（五）小结谈收获

说一说了解了立夏的哪些知识，师相机小结。

（本环节通过诵读朗朗上口、通俗易懂的农谚，使学生们明白在立夏时节应把握时机、适时耕种的道理。将农学、语文、科学知识进行整合，使学生们更能掌握各方面的知识，真正实现从生活中学习，让学习引导生活。）

“小满”教学设计

深圳市宝安区灵芝小学　叶小美

【教学目标】

（1）了解二十四节气中小满节气的含义和特点。

（2）通过图片、视频、相关的谚语等让学生自主探究小满节气的特点和习俗，产生画面感，尝试主题创作，提高学生综合实践能力。

（3）通过对节气的学习活动，让学生感受古人的智慧，体验自然之美，培养健康的审美情趣。

【教学重难点】

重点：了解小满节气的特点和习俗，用绘画的方式表现出对小满特有的感受。

难点：对小满的农事活动、自然现象的画面感的描绘和把握。

【教学准备】

（1）教师搜集小满的相关资料，制作PPT。

（2）学生课前搜集有关小满的习俗、农谚、古诗词、饮食等信息。

【教学过程】

（一）谈话导入

师：同学们，每当上课铃声响，大家都知道应该回教室上课，古代的人们呢？他们没有铃声和钟表，他们是怎么知道什么时候该做什么事呢？

没有铃声和钟表可难不倒我们智慧的祖先，他们为了准确地把握时间和季节变化特意设定了二十四节气，明天就是二十四节气中的小满节气了。今天我们就来提前了解小满，体会古人的生活智慧。（板书：小满）

（二）探究小满节气

（1）师提问：你知道什么是小满吗？（生课前收集资料反馈。）

（2）播放小满节气视频，初步了解小满节气。

小结：小满是二十四节气中的第八个节气，其含义是从小满开始，北方大麦、冬小麦等夏熟作物籽粒已经结果，渐饱满，但尚未成熟，所以叫小满。《月令七十二候集解》中记载：“四月中，小满者，物致于此小得盈满。”每年5月20日—22日之间，太阳到达黄经60°时为小满。

（3）中国古代将小满分为“三候”：“第一候苦菜秀；第二候靡草死；第三候麦秋至。”其中的三候原本是“小暑至”，但因为麦子此时已接近成熟阶段，所以人们再后来就将第三候改为“麦秋至”，这里的“秋”便有百谷成熟之意。（板书：三候）

（三）探究小满习俗

师提问：同学们知道小满时节有哪些习俗吗？

祈蚕节（生1）：我的家乡在江苏，小满节气期间，我们有祈蚕节的风俗。因为小满时节正好是新丝上市的时节，但蚕是很难养活的物种，气温、湿度、桑叶的冷、熟、干、湿等因素均会影响它的成长。为了祈求“天物”的宽恕和养蚕有个好收成，我们就有了祈蚕节。

食苦菜（生2）：我的奶奶告诉我，小满时节是苦菜成熟的时节。古时，在稻谷还未成熟的时候，古人是用它来充饥的，所以就有了“小满之日苦菜秀”的说法。

祭车神（生3）：我在网上找了一些资料。传说白龙农家在车水前于车基上置鱼肉、香烛等祭拜车神，比较特殊的是祭拜过程中需将祭品中的一杯白水泼入田中，是希望水源涌旺的含义，表明农民对水利排灌的重视。

看麦梢黄（生4）：我的家乡在陕西，每年麦子快要成熟的时候，出嫁的女儿都要到娘家去探望，问候夏收的准备情况。我还知道“小满开秧门”的习俗，因为我妈妈的家乡在江西，她告诉我，小满这一天，很多农户在凌晨便到了田头，拿着纸和香绕田一周，然后在田地四角上礼拜，祈求风调雨顺、五谷丰登。

吃油茶面（生5）：我还知道一个非常有意思的习俗——吃油茶面。小满前后，人们吃的另外一种节令食品俗称“捻捻转儿”。小满前后，田里的麦子籽粒日趋饱满，人们便把硬粒还略带柔软的大麦麦穗割回家，搓掉麦壳，用筛子等把麦粒分离出来，然后炒熟，将其放入石磨中磨制出缕缕面条，再加入黄瓜、蒜苗、麻酱汁、蒜末等，就做成了清香可口的“捻捻转儿”。“捻捻转儿”因为与“年年赚”谐音，寓意非常吉祥，所以很受人们的喜爱，因此许多地方就有了吃油茶面的习俗。

小结：同学们真是神通广大，利用各种方式了解了小满的习俗。

（四）探究小满农谚

小满还是与农作物收成密切相关的节气，民间各地有很多相关的农谚，或描述农忙状态，或罗列时令蔬果，我们一起读读看吧。

小满插秧日比日，芒种插秧时比时。（黑龙江）

小满大麦黄，收了麦子又插秧。（天津）

小满麦渐黄，夏至稻花香。（山东）

小满金，芒种银，夏至栽秧草里寻。（陕西安康）

小满吃麦两三家，芒种吃麦遍天下。（安徽颍上）

小满大风，树头要空。（江苏镇江）

小满到，黄鱼叫。（上海）

小满动三车。（上海、江苏、江西）

小满防虫患，农药备齐全。（福建）

小满高粱芒种谷，寒露蚕豆霜降麦。（湖北、河南）

……

（1）你们肯定读懂了什么，请把你读懂的内容跟同学分享一下吧。

（2）交流，分享。

师补充：“小满不满，无水洗碗”“小满不下，犁耙高挂”。在我们南方民谚中，

"满"字是"雨水多"的意思，小满期间江河湖往往处于满的状态，如果江河不满，就必定会遇上干旱少雨的年份，大家可以多多留意生活哦。

（五）欣赏小满画作

1. 欣赏分析吴藕汀《小满》

出示古诗和画作（图1）：

小满

（当代） 吴藕汀

白桐落尽破檐牙，或恐年年梓树花。

小满田塍寻草药，农闲莫问动三车。

图1　吴藕汀画作

思考讨论：这幅作品表现了什么内容？你有什么感受？

2. 欣赏学生作品、教师范作

略。

（六）学生创作

根据小满节气的特点和习俗尝试创作一幅你心中的小满画作。要求：

（1）构图形式多样。

（2）色彩搭配和谐统一。

（3）能表现小满节气特有的内容和场景。

（七）作品展示评价

（1）说说你表现的作品。

（2）同学评价作品的优缺点。

（3）师评。

（八）拓展延伸

播放二十四节气歌。

（九）总结

这节课同学们了解了小满这一节气的特征和习俗，表现出了自己对小满的独特感受，体会了古代劳动人民辛勤和智慧。课下同学们可以进一步了解其他节气，感受不同节气蕴含的生活气息和文化内涵。

参考文献

［1］萧放.二十四节气——中国人的自然时间观［M］.长沙：湖南教育出版社，2017.

［2］中国农业博物馆.二十四节气农谚大全［M］.北京：中国农业出版社，2016.

“芒种”教学设计

深圳市宝安区灵芝小学　庄丽华

【教学目标】

（1）了解芒种节气的基础知识。

（2）学生熟读关于芒种的诗词。

（3）让学生通过画小麦，了解农作物，了解农耕的过程。

【教学重难点】

重点：学生熟读关于芒种的诗词。

难点：让学生通过画小麦，了解农作物，了解农耕的过程。

【教学准备】

（1）教师制作PPT，收集视频和有关芒种的诗词。

（2）学生收集芒种的相关诗词资料，准备A4画纸。

【教学过程】

（一）诗词导入

时雨

（宋）陆游

时雨及芒种，四野皆插秧。

家家麦饭美，处处菱歌长。

老我成惰农，永日付竹床。

衰发短不栉，爱此一雨凉。

庭木集奇声，架藤发幽香。

莺衣湿不去，劝我持一觞。

即今幸无事，际海皆农桑；

野老固不穷，击壤歌虞唐。

这首诗里藏了一个节气，是什么节气?

在这个节气，要干什么呢?

“芒种”与“忙种”谐音，农作物既要收割又要播种，因此芒种是一年中农民最忙的时节。

（二）了解芒种的含义及气候特点

我们一起看一个视频去了解它吧。（播放中央电视台《中国二十四节气·芒种》，了解芒种的含义和气候特点。）

PPT出示：

《月令七十二候集解》解释芒种为：“五月节，谓有芒之种谷可稼种矣。”“稼”就是种的意思。芒种，“芒”是指禾科的有芒作物，如小麦、大麦等，这些作物一般芒种时种子已经成熟可以收割了；“种”是指谷黍类作物的播种，这个时节是播种玉米、花生、红薯及一些秋熟作物的大好时机。

（三）了解芒种的农事活动，并尝试画小麦

对于我国大部分地区来说，芒种至夏至这半个月是秋熟作物播种、移栽苗期管理和夏熟作物的成熟收获时期，是一年中农活最忙碌的时节，此时夏熟作物已经成熟就要收割了，夏播秋收的作物也要播种，春种尚未成熟的庄稼还要田间管理，收、种、管交叉，样样都要忙。

长江流域是“栽秧割麦两头忙”；华北地区是“收麦种豆不让晌”；广东是“芒种下种，大暑莳（莳指移栽植物）”；贵州农谚也有“芒种不种，再种无用”之说；福建地区是“芒种边，好种籼，芒种过，好种糯”。从以上农谚可以看出，芒种时节我国从南到北都在忙收、忙种了，农事活动已经进入高潮。

芒种这个节气也是有些地区抢收小麦的关键期。因为小麦的成熟期短，收获时间性强。农谚有“麦熟一晌，虎口夺粮”之说。

大家对小麦了解多少?

PPT出示小麦图片，学生观察小麦特点。（有条件的出示小麦实物）

简单画一画小麦。

介绍小麦的种植过程。

（四）交流收集关于芒种的诗词和农谚

1. 学习农谚

关于芒种的农谚不少，课前大家也了解了不少，下面我们玩个“农谚猜一猜”的游戏。老师说上半句，同学们抢答后半句。

芒种芒种，连收带种。

芒种前后麦上场，男女老少昼夜忙。

芒种不种高山谷，过了芒种谷不熟。

2. 学习古诗

（1）全班分成6个小组，交流收集的诗词。

（2）汇报反馈。

第一组：唐代白居易的《观刈麦》。

我们小组收集到的是唐代诗人白居易写的《观刈麦》，一起朗诵整首诗：“田家少闲月，五月人倍忙。夜来南风起，小麦覆陇黄。妇姑荷箪食，童稚携壶浆。相随饷田去，丁壮在南冈。足蒸暑土气，背灼炎天光。力尽不知热，但惜夏日长。复有贫妇人，抱子在其旁，右手秉遗穗，左臂悬敝筐。听其相顾言，闻者为悲伤。家田输税尽，拾此充饥肠。今我何功德，曾不事农桑。吏禄三百石，岁晏有余粮。念此私自愧，尽日不能忘。”这首诗写出了芒种时节农家的忙碌。

第二组：唐代元稹的《咏廿四气诗·芒种五月节》。

我们小组收集到的是唐代诗人元稹写的《咏廿四气诗·芒种五月节》，我们先一起来背一背："芒种看今日，螳螂应节生。彤云高下影，鴳鸟往来声。渌沼莲花放，炎风暑雨情。相逢问蚕麦，幸得称人情。"

其他组分别用自己的方式展示关于芒种的古诗：《田间杂咏六首·其六》《耕图二十一首·拔秧》《伊犁记事诗》。

（五）有关芒种的习俗

学生交流关于芒种的习俗。

1. 送花神

古时"送花神"是芒种时节最为盛大的活动。芒种时已是公历6月，此时百花凋零，枝上绿肥红瘦，地上落英缤纷。民间多在芒种日举行祭祀花神的仪式，把二月十二花朝节上迎来的花神饯送归位，表达对花神的依依惜别之情，盼望来年再次相会。

PPT出示《红楼梦》中一段关于送花神的描写。

《红楼梦》第二十七回"滴翠亭杨妃戏彩蝶，埋香冢飞燕泣残红"中关于芒种祭祀花神有一段记载，可证当时风俗之盛："至次日乃是四月二十六日，原来这日未时交芒种节。尚古风俗：凡交芒种节的这日，都要设摆各色礼物，祭饯花神，言芒种一过，便是夏日了，众花皆卸，花神退位，须要饯行。然闺中更兴这件风俗，所以大观园中之人都早起来了。那些女孩子们，或用花瓣柳枝编成轿马的，或用绫锦纱罗叠成干旄旌幢的，都用彩线系了。每一棵树上，每枝花上，都系了这些物事。满园里绣带飘摇，花枝招展，更兼这些人打扮得桃羞杏让，燕妒莺惭，一时也道不尽。"

从《红楼梦》这段描写可见当时大户人家芒种时节饯别花神的热闹场面。

2. 栽秧会

栽秧会一般在芒种与夏至间的农历五月份举行，这一节日习俗主要流行于我国云南的白族地区。在农活繁忙的芒种季节，当地往往几十户人家甚至整个村子的人自愿结合起来集体插秧。

3. 安苗

安徽皖南还有芒种节安苗的农事习俗。每当芒种时节种完水稻，为祈求秋天有个好收成，当地家家户户都会举行安苗祭祀活动。人们用新磨的麦面蒸发糕，并把面捏成五谷六畜、瓜果蔬菜等形状，然后用蔬菜汁染上颜色，作为祭祀供品，以求五谷丰登、村民平安。

总结：今天我们学习了芒种的相关知识，了解了它的气候特点和有关习俗。我们还分享交流了相关诗词。我们在一曲芒种童谣的音乐中结束今天的课堂。

附：教学资源链接

关于芒种的古诗：

观刈麦

（唐） 白居易

田家少闲月，五月人倍忙。
夜来南风起，小麦覆陇黄。
妇姑荷箪食，童稚携壶浆，
相随饷田去，丁壮在南冈。
足蒸暑土气，背灼炎天光，
力尽不知热，但惜夏日长。
复有贫妇人，抱子在其旁，
右手秉遗穗，左臂悬敝筐。
听其相顾言，闻者为悲伤。
家田输税尽，拾此充饥肠。
今我何功德，曾不事农桑。
吏禄三百石，岁晏有余粮。
念此私自愧，尽日不能忘。

田间杂咏六首·其六

（明） 樊 阜

枣花落靡靡，一犬护柴关。
节序届芒种，何人得幽闲。

蛙鸣池水满，细草生阶间。
刈麦欲终亩，风吹雨过山。
大儿早未饭，叹息农事艰。
豪贵本天命，悠悠不可攀。

伊犁记事诗

（清） 洪亮吉

芒种才过雪不霁，伊犁河外草初肥。
生驹步步行难稳，恐有蛇从鼻观飞。

耕图二十一首·拔秧

（宋） 楼 璹

新秧初出水，渺渺翠毯齐。
清晨且拔擢，父子争提携。
既沐青满握，再栉根无泥。
及时趁芒种，散著畦东西。

芒种后经旬无日不雨偶得长句

（宋） 陆 游

芒种初过雨及时，纱厨睡起角巾攲。
痴云不散常遮塔，野水无声自入池。
绿树晚凉鸠语闹，画梁昼寂燕归迟。
闲身自喜浑无事，衣覆熏笼独诵诗。

芒 种

（当代） 吴藕汀

熟梅天气豆生蛾，一见榴花感慨多。

芒种积阴凝雨润，菖蒲修剪莫蹉跎。

北固晚眺

（唐） 窦 常

水国芒种后，梅天风雨凉。

露蚕开晚簇，江燕绕危樯。

山趾北来固，潮头西去长。

年年此登眺，人事几销亡。

“夏至”教学设计

深圳市宝安区灵芝小学　庄丽华

【教学目标】

（1）了解夏至节气的基础知识。

（2）熟读关于夏至的诗词，感受夏至的诗意。

（3）学习测量日影。

【教学重难点】

重点：熟读关于夏至的诗词，感受夏至的诗意。

难点：学习测量日影。

【教学准备】

教师准备：PPT，视频资料，诗歌收集。

学生准备：收集夏至的相关诗词资料。

【教学过程】

（一）诗词导入

夏至

（宋）范成大

李核垂腰祝饐，粽丝系臂扶羸。

节物竞随乡俗，老翁闲伴儿嬉。

诗中描写的是什么季节？诗中写出了夏至节气的哪些习俗？

（二）了解夏至的气候特点和习俗

我们通过看视频，来了解夏至的气候特点和习俗吧。（播放中国新闻电视网纪录片《四季中国》第十集《夏至》的介绍视频）

夏至是二十四节气中最早被确定的节气之一，此时太阳到达黄经90°，交节时间在6月21日或22日。夏至这天，太阳直射地面的位置到达一年中的最北端，几乎直射北回归线，北半球的白昼达到最长，且越往北昼越长。夏至以后，太阳直射地面的位置逐渐南移，北半球的白昼日渐缩短。

（三）了解测日影

《恪遵宪度》（抄本）：“日北至，日长之至，日影短至，故曰夏至。至者，极也。”谈谈对这句话的理解。

简单说古人就是通过“立杆测影”的方式，观察太阳照射物体影子的长度，从而确定哪天是“夏至”。

简单介绍测日影的工具有：立杆测影、圭表、观星台、日冕。

课后可以尝试立杆测影，确定一下我们这个地区一天中影子最短的时刻。

测影方法：从北京时间11点30分起，到12点30分止，每隔5分钟测量一次太阳照射杆子在地面上投影的长度，把每次测量的影长（厘米数）和对应的时间记录下来。

同学们看懂实验的做法了吗？期待你们的数据分享。

（四）诵农谚读古诗

聪慧的农家人在辛勤劳作的同时总结了很多经验，让我们一起来读一读这些农谚吧！

1. 学习农谚

夏至食个荔，一年都无弊。

夏至东风摇，麦子水里捞。

夏至有雨三伏热，重阳无雨一冬晴。

读了这些农谚，你学到什么？

2. 交流古诗中的夏至

诗人眼中的夏至是怎样的呢？关于夏至的古诗有很多，课前老师已经安排了作业，下面就请你们小组汇报吧。（每个小组可以派个代表，也可以一起上来汇报）。

第一组：洪咨夔的《夏至过东市二绝》。

我们小组收集到的是宋代诗人洪咨夔写的《夏至过东市二绝》，我们一起为大家背一背：插遍秧畴雨恰晴，牧儿顶踵是升平。秃穿犊鼻迎风去，横坐牛腰趁草行。

第二组：范成大的《夏至》。

我们小组收集到的是宋代范成大写的《夏至》，我们先一起来背一背：石鼎声中朝暮，纸窗影下寒温。逾年不与庙祭，敢云孝子慈孙。

其他组分别用自己的方式展示关于夏至的古诗：《夏至日作》《夏至避暑北池》《夏至后得雨》。

（五）交流有关夏至的习俗

你们知道关于夏至有哪些习俗？（学生交流）

凉食避暑、食“麦粽”、吃馄饨、消夏避伏等。人们喜好在夏天滋补凉食避暑，因此人们普遍喝凉汤、凉茶、酸梅汤等比较传统而且十分清甜的食物。食“麦粽”是江南地区的习俗。

总结：今天，我们学习了关于夏至的农谚和古诗，还了解了夏至节气的习俗，还了解了做“立杆测影”的实验步骤，你们开心吗？把你知道的关于夏至的知识说给爸爸、妈妈和身边的人听听吧。

附：课后资源链接

关于夏至节气的古诗：

夏至日作

（唐） 权德舆

璿枢无停运，四序相错行。

寄言赫曦景，今日一阴生。

夏至后初暑登连天观

（宋） 杨万里

登台长早下台迟，移遍胡床无处移。

不是清凉罢挥扇，自缘手倦歇些时。

夏至避暑北池

（唐） 韦应物

昼晷已云极，宵漏自此长。

未及施政教，所忧变炎凉。

公门日多暇，是月农稍忙。

高居念田里，苦热安可当。

亭午息群物，独游爱方塘。

门闭阴寂寂，城高树苍苍。

绿筠尚含粉，圆荷始散芳。

于焉洒烦抱，可以对华觞。

夏至日衡阳郡斋书怀

（唐） 令狐楚

一来江城守，七见江月圆。

齿发将六十，乡关越三千。

褰帷罕游观，闭阁多沉眠。

新节还复至，故交尽相捐。

何时肛阊阖，上诉高高天。

夏日三首·其一

（宋）张 耒

长夏村墟风日清，檐牙燕雀已生成。
蝶衣晒粉花枝舞，蛛网添丝屋角晴。
落落疏帘邀月影，嘈嘈虚枕纳溪声。
久斑两鬓如霜雪，直欲渔樵过此生。

“小暑”教学设计

深圳市宝安区灵芝小学　庄丽华

【教学目标】

（1）了解小暑节气的基础知识。

（2）学生熟读关于小暑的诗词。

【教学重难点】

重点：学生熟读关于小暑的诗词。

难点：品尝小暑节气食品，感受小暑节气习俗。

【教学准备】

（1）教师制作PPT，收集视频、诗歌资料。

（2）学生收集小暑的相关诗词资料，准备A4画纸。

【教学过程】

（一）诗词导入

PPT出示：

小暑六月节

（唐）元稹

倏忽温风至，因循小暑来。

竹喧先觉雨，山暗已闻雷。

户牖深青霭，阶庭长绿苔。

鹰鹯新习学，蟋蟀莫相催。

这首诗里藏了一个节气，是什么节气？（小暑）

看到这个“暑”字你们想到了哪些词语？（预设：酷暑、避暑、暑假）

我们可以猜到，暑是什么意思？（预设：热）

对比大暑，小暑应该没那么热。

（二）了解小暑的含义及气候特点

我们一起看一个视频去了解它吧。（播放中央电视台《中国二十四节气·小暑》，了解小暑的含义和气候特点。）

宋代《月令解·卷五》解释小暑说：“小暑为六月节者，此见暑之渐也。”俗语也有“小暑不算热，大暑三伏天”的说法。

（三）交流收集关于小暑的诗词和农谚

1. 农谚猜猜看

（1）出示游戏规则。

（2）学生猜农谚的上句或下句。

大暑小暑，有米懒煮。

小暑南风，大暑旱。

小暑热得透，大暑凉飕飕。

天旱的芝麻，雨淋的北瓜。

天旱香瓜甜，枣子结得圆。

暑伏不种薯，种薯不结薯。

小暑不栽薯，栽薯白受苦。

小暑种芝麻，当头一枝花。

（3）学生齐读农谚。

2. 古诗汇报交流

（1）全班分成6个小组，交流收集的诗词。

（2）汇报交流。

第一组：唐代白居易的《消暑》。

我们小组收集到的是唐代诗人白居易写的《消暑》，我们一起朗诵整首诗："何以消烦暑，端坐一院中。眼前无长物，窗下有清风。散热由心静，凉生为室空。此时身自保，难更与人同。"

第二组：宋代杨万里的《夏夜追凉》。

我们小组收集到的是宋代诗人杨万里写的《夏夜追凉》，我们先一起来背一背："夜热依然午热同，开门小立月明中。竹深树密虫鸣处，时有微凉不是风。"

其他组分别用自己的方式展示关于小暑的古诗：《纳凉》《苦热》《秋夜宿重本上人院》。

（四）交流有关小暑的习俗

同学们，关于小暑，你们知道有哪些习俗吗？（学生分享交流，教师最后总结补充。）

1. 吃藕

一直以来，民间素有小暑吃藕的习俗，藕中含有大量的碳水化合物及丰富的钙、磷、铁等多种维生素，还有含量比较多的钾和膳食纤维，具有清热、养血、除烦等功效，适合夏天食用。鲜藕以小火煨烂，切片后加适量蜂蜜，可随意食用，有安神入睡之功效，可治血虚失眠。

2. 晒书画、衣服

小暑时节，民间还有晒书画、衣服的习俗。民谚有云："六月六，人晒衣裳龙晒袍。""六月六，家家晒红绿。""红绿"就是指五颜六色的衣服。因为六月六差不多是在小暑的前夕，为一年中气温最高、日照时间最长、阳光辐射最强的日子，所以家家户户大多会不约而同地选择这一天"晒伏"，把存放在箱柜里的衣服晾到外面接受阳光的暴晒，以去潮、去湿、防霉、防蛀。

3. 小暑吃黄鳝

俗语：小暑黄鳝赛人参。黄鳝生于水岸泥窟之中，以小暑前后一个月的夏鳝鱼最为滋补味美。夏季往往是慢性支气管炎、支气管哮喘、风湿性关节炎等疾病的缓解期，而黄鳝性温味甘，具有补中益气、补肝脾、除风湿、强筋骨等作用。

根据冬病夏补的说法，小暑时节最宜吃的是黄鳝，黄鳝蛋白质含量较高，铁的含量比鲤鱼、黄鱼高一倍以上，并含有多种矿物质和维生素，黄鳝还可降低血液中胆固醇的浓度，防治动脉硬化引起的心血管疾病，对食积不消引起的腹泻也有较好的作用。

4. 吃芒果

小暑吃芒果代表这个时节是芒果的成熟盛产期。据传说，有个虔诚的信徒曾将自己的芒果园献给释迦牟尼，好让他在树荫下休息。

5. 喝消暑汤或粥

“热在三伏”，小暑是伏天的开始，天气热的时候要多喝粥，用荷叶、土茯苓、扁豆、薏米、猪苓、泽泻、木棉花等材料煲成的消暑汤或粥，或甜或咸，非常适合此节气食用。多吃水果也有益于防暑，但是不要过量食用，以免增加肠胃负担，严重的会引起腹泻。

（五）分享小暑节气食物

课前在班级家长群征集了小暑节气食品，家长友情提供消暑汤、芒果、桂花蜜藕等给学生们分小组品尝。

总结：今天我们学习了小暑的相关知识，了解了它的气候特点和有关习俗，分享交流了相关诗歌，还品尝了小暑的节气食品。希望同学们回家后也跟父母聊聊小暑，了解他们小时候在小暑这个节气会有什么活动。

附：课后资源链接

关于小暑的古诗。

苦 热

（南宋） 陆 游

万瓦鳞鳞若火龙，日车不动汗珠融。

无因羽翮氛埃外，坐觉蒸炊釜甑中。

石涧寒泉空有梦，冰壶团扇欲无功。

余威向晚犹堪畏，浴罢斜阳满野红。

秋夜宿重本上人院

（唐） 李 频

却忆凉堂坐，明河几度流。
安禅逢小暑，抱疾入高秋。
水国曾重讲，云林半旧游。
此来看月落，还似道相求。

答李滁州题庭前石竹花见寄

（唐） 独孤及

殷疑曙霞染，巧类匣刀裁。
不怕南风热，能迎小暑开。
游蜂怜色好，思妇感年催。
览赠添离恨，愁肠日几回。

夏日对雨寄朱放拾遗

（唐） 武元衡

才非谷永传，无意谒王侯。
小暑金将伏，微凉麦正秋。
远山欹枕见，暮雨闭门愁。
更忆东林寺，诗家第一流。

送魏正则擢第归江陵

（唐） 武元衡

客路商山外，离筵小暑前。
高文常独步，折桂及韶年。

关国通秦限，波涛隔汉川。

叨同会府选，分手倍依然。

纳 凉

（北宋）秦 观

携杖来追柳外凉，画桥南畔倚胡床。

月明船笛参差起，风定池莲自在香。

“大暑”教学设计

深圳市宝安区灵芝小学　庄丽华

【教学目标】

（1）了解大暑节气的基础知识。

（2）熟读关于大暑的诗词。

（3）在实践活动中体验节气习俗的乐趣。

【教学重点】

重点：熟读关于大暑的诗词。

难点：在实践活动中体验节气习俗的乐趣。

【教学准备】

（1）教师制作PPT，收集视频、诗词、农谚资料，准备制作烧仙草的材料。

（2）学生收集大暑的相关诗词资料。

【教学过程】

（一）谈“暑”导入

每年过暑假的时候，你们感觉天气怎么样？

看到这个“暑”，你的脑海中想到哪些词语？（预设：酷暑、避暑、暑假）

我们可以猜到，暑是什么意思？（预设：热）

说文解字这样说：暑，煮也，如水煮物也。古人认为，“暑”是热之极也。

“暑”字前面加个“大”字，我们可以猜测这个大暑是一年中最什么的时节？（预设：一年中最热的时节）

（二）大暑有多热？从文字中去感受

我们曾学过《槐乡的孩子》里面描写炎热的八月有这么一段文字：八月，天多热。鸡热得耷拉着翅膀，狗热得吐出舌头，蝉热得不知如何是好，在树上不停地叫着“知了，知了”。

（生齐读，感受大暑的炎热。）

（三）了解大暑的含义及气候特点

我们一起看一个视频去了解它吧。（播放中央电视台《中国二十四节气·大暑》，了解大暑的含义和气候特点。）

PPT出示：

古人说“大暑乃炎之极也”，一个“极”字充分说明了此时天气的炎热程度。大暑是一年中温度最高的时期。

趣味问答：

（1）你知道大暑是什么时候？

大暑有时候从7月22日开始，有时候从7月23日开始，还有少数年份从7月24日开始。每个节气一般都持续半个月左右。

（2）你知道关于大暑的哪些传统习俗？

送大暑船、过半年节、赏荷。

（3）大暑这个节气可以怎么通过饮食养生？

冬病夏治、吃药粥、吃苦味食物、喝解暑汤。

（四）收集交流关于大暑的诗词和农谚

1. 学习农谚

下面我们玩个“农谚猜一猜”的游戏。老师说上半句，同学们抢答后半句。

大暑热不透，大热在秋后。

大暑展秋风，秋后热到狂。

大暑无酷热，五谷多不结。

小暑雨如银，大暑雨如金。

PPT出示以上谚语前半句，让学生抢答。

从这些谚语我们知道：大暑虽然很热，但是它却与农业生产有着不可分割的关系。

2. 学习古诗

关于大暑的古诗有很多，课前同学们已经通过网络、书籍搜集了不少，下面就请你们小组汇报吧。

第一组：高骈的《山亭夏日》。

我们小组收集到的是唐代诗人高骈写的《山亭夏日》，我们一起为大家背一背：“绿树阴浓夏日长，楼台倒影入池塘。水晶帘动微风起，满架蔷薇一院香。”这首诗描绘了绿树阴浓、楼台倒影、池塘水波、满架蔷薇，我们感觉就像一幅画一样，所以我们就根据这些景色创作了这幅画，请大家欣赏。

第二组：杨万里的《暮热游荷池上》。

我们小组收集到的是宋代杨万里的《暮热游荷池上》，我们先一起来背一背：“细草摇头忽报侬，披襟拦得一西风。荷花入暮犹愁热，低面深藏碧伞中。”

其他组分别用自己的方式展示关于大暑的古诗：《六月十八日夜大暑》《销夏湾》《销暑》《夏日田园杂兴》。

（五）动手实践，制作仙草

夏天那么热你都喜欢干什么？（预设：游泳、吃冰棍）

天气那么热，肯定是进行降温、解暑类活动最合适了。

在大暑时节，广东很多地方有“吃仙草”的习俗。民谚云：“六月大暑吃仙草，活如神仙不会老。”烧仙草，广东一带叫凉粉，是一种消暑甜品。今天我们就尝试做烧仙草吧。

制作方法：准备一盒仙草粉，放入适量糖和开水，搅拌。放在盒子里，待凉了，冷藏，过几个小时会凝固，到时候我们一起尝尝吧。

总结：今天，我们学习了关于大暑的农谚和古诗，了解了大暑节气的习俗，还做了烧仙草，你们开心吗？课后，你们可以背一背关于大暑的古诗，还可以记录自己在炎热的大暑时节发生的有趣故事。

秋知物语

人们常说秋高气爽。到了秋天，气温开始下降，天气不再像夏天那样炎热。秋天一共有立秋、处暑、白露、秋分、寒露、霜降六个节气。秋天以立秋为开始，以霜降为结束。

立秋是农历七月的第一个节气。虽然是立秋，然而炎热的天气必须过了处暑到白露时，才会转凉，换言之，从立秋开始，还会热大约三十天左右。我们形容一种热得令人十分难受，甚至有刺痛之感的气候为“秋老虎”。那正是立秋之后的天气，在立秋之后，午后的阵雨逐渐减少，因此被大太阳一晒，人们往往觉得比大暑时还要难受。

处暑是农历七月的节气。“处”的意思是退隐，处暑的意思是炎热即将过去。然而事实并非如此，到了处暑天气仍旧很热，一句“处暑处暑，热死老鼠”的谚语，就可以看出“秋老虎”的威力。

白露是农历八月的节气，表示天气已经转凉。人们明显地感觉到炎热的夏天已经过去，凉爽的秋天已经到来，因为白天的温度虽然仍达三十几摄氏度，可是夜晚之后，就下降到二十几摄氏度，两者之间的温差达十几摄氏度。

秋分是农历八月的节气。秋分这天，太阳直射在赤道上，昼夜长短平均，气候也不冷不热，恰到好处，这一天正好是秋季之半，故称为秋分，过了这一天，夜晚就逐渐比白天长了。

寒露是农历九月的节气，由于气温变冷，水气遇冷凝结成露水，因此称为寒露，此时已进入深秋时节，大地一片萧瑟的景象，寒气逼人，鸟不再叫，虫不再鸣，落叶满地。

寒露之后第十五天就是霜降，这是九月的节气，长江以北此时秋气肃杀，温度渐低，夜晚的露水遇冷凝结为薄霜后降落，因此称为霜降。

秋天是收获的季节，忙碌的春夏过后，在农田里，在漫山遍野之上农作物硕果累累，一片片金黄色映入眼帘，丰收的喜悦随处扑面而来。因而，自古就有很多描写秋天的名句佳作，在民间也有许多与秋天有关的节气知识。下面就让我们一起走进令人陶醉的秋天吧！

“立秋”教学设计

深圳市宝安区灵芝小学　熊艳丽

【教学目标】

（1）通过“喊秋、话秋、知秋”等活动了解立秋的节气特点。

（2）通过活动，增进学生对二十四节气的了解，从而使学生对传统文化有更浓厚的兴趣。

【教学重难点】

重点：多方面了解立秋节气。

难点：课前需大致了解二十四节气及其特点。

【教学形式】

小组合作探究。

【教学准备】

课件、摸秋游戏的乒乓球、刮画纸、立秋民俗视频文件。

【教学过程】

课前背诵二十四节气歌，读二十四节气。

（一）“喊秋”导入

（1）同学们，看看黑板，你猜我们今天要学二十四节气里面的什么内容？你们怎么知道？果然是“一叶知秋”啊！今天我们要学的正是好玩的立秋。

（2）那么，说到秋天，你会想到什么？（落叶、大雁南飞、丰收、果实累累……）

（3）是啊，进入秋季之后，世界依然缤纷多姿。田野果园硕果累累，山林草地色彩缤纷，小朋友们也迎来了振奋人心的运动会、欢呼雀跃的秋游，这么美好的秋天，你们喜欢吗？

（4）那我们一起把秋喊出来吧！来，跟老师一起“喊秋”（加动作）：秋——天——来——啦——！（学生跟喊）出示配乐秋天图片。

（二）“话秋”

如此绚烂多彩的秋景，就从这一天开始了，它就是立秋。

（1）那么立秋这个节气到底有什么特点呢？让我们来听它做个自我介绍吧！（图片、录音）

小朋友们，你了解了立秋的什么？

屏幕出示：立秋一般从8月7日—8月9日开始；一般持续到8月22日—8月24日结束，共15天左右。

“秋，揪也，物于此而揪敛也。”

立秋有“三候”，一候凉风至，二候白露生，三候寒蝉鸣。

（2）刚才立秋的自我介绍，让我们大致了解了立秋的气候特征。其实，关于立秋的民谚也很有趣，是老百姓根据立秋时节的特点编的，通俗易懂，大家一起来看看。请组长打开信封，把资料发给同学们。（自己读民谚、勾选、讨论。）

好，说说你最喜欢哪一句，知道了立秋的什么特点。

PPT出示：

早晚凉，白天热；下过雨，好收成；立秋昆虫活动多。

你看，谚语果然简单好懂吧，不仅如此，谚语还朗朗上口、便于传诵呢。好，请一个同学来和我对个拍手歌，谁愿意来？

立了秋，扇莫丢，中午前后烤焦头。

中伏萝卜末伏菜，立秋前后大白菜，立秋前后大/白/菜。

好玩不？大家一起试一试。

下面这两句，30秒准备，待会儿请小组展示。

立秋时节温度高，红蜘蛛呀少不了。

七月半，八月半，蚊子嘴呀使劲钻，蚊子嘴呀使/劲/钻。

说谚语好开心啊，是吧？以后课间也可以玩哦。告诉大家一个小秘密，平时看课外书时，可以去积累些谚语，写作文的时候如果用上一句，那简直是画龙点睛之笔呢。

（3）当然，除了谚语，我们更熟悉的肯定是成语了吧。大家来说说和秋天有关的成语。（大屏幕出示三组和秋天有关的成语。）

（三）“知秋”

你看，立秋后是这样美好的景象，人们心情一好，当然要举行各种活动好好庆祝了。立秋的习俗除了我们前面说的“喊秋”，还有很多有趣的习俗呢。

来，大家看一段视频。（介绍立秋民俗一分钟视频）从视频中你了解了哪些习俗？（学生交流。）

这么多习俗，我们也来体验一种吧。是什么呢？（摸秋）请打开课本，默读短文，了解下摸秋是怎么回事。

默读要求是：请画出写摸秋习俗的有关句子，找到的举手。

屏幕出示：葱——聪明；瓜——顶呱呱。

你知道为什么会这样联想吗？是啊，老师要告诉大家一种新的修辞方法，叫“谐音”。好，那我请人摸一摸，哪位同学如果谐音配得好，我就奖他一颗秋天的果实，下课后可以和组里的同学一起“啃秋”，好不好？（摸秋活动。）

时间有限，只能摸这么几个了。下课后有兴趣的同学到老师这里再来试试。同学们果然有才，谐音掌握得不错。来，我读前面，你读谐音。你们看，摸秋既带来欢乐又长知识，难怪这习俗会延续至今。

（四）总结

同学们，今天我们喊了秋，话了秋，知了秋，体验了二十四节气中好玩的立秋，咱们再用几句诗美美地赞一下秋，好吗？

轻轻地，秋来了，叶儿都落了……

飕飕不觉声，落叶悠悠舞。

静静的夜，凉凉的秋……

明月松间照，清泉石上流。

绚烂的秋，多彩的秋……

停车坐爱枫林晚，霜叶红于二月花。

碧云天，黄叶地，秋色连波，波上寒烟翠。

昨天同学们都画了画，让我们来欣赏几幅吧。景美、心美、诗美，从立秋这一天开始，我们就走进了如此诗情画意的秋天。

同学们，二十四节气就像宇宙中的一道代表秩序的刻度盘，它指导人们劳作、休息，不断地预言、提示、总结大地上的寒热变化、生命流转。它是一本大书，值得我们继续细细探究。那么，下次我们就来探究其他时节的奥秘吧。

“处暑”教学设计

深圳市宝安区灵芝小学　熊艳丽

【教学目标】

（1）了解处暑的由来，知道处暑“三候”。

（2）收集有关处暑的诗句、谚语、各地习俗，明白节气是古代劳动人民在生产生活中积累的经验，激发学生传承民俗文化的信念。

（3）引导学生观察生活、了解生活，认识处暑这个节气习俗所包含的文化含义。

【教学重难点】

（1）了解处暑的相关农谚、诗歌、习俗。

（2）激发学生对传统文化的认可与传承。

【教学准备】

搜集有关处暑的习俗、农谚、古诗词、饮食等信息，阅读有关文章，了解处暑的知识。

【教学过程】

（一）回顾导入

1. 了解节气歌

同学们，我们一起来学习一首节气歌，大家一起来读一读。（展示《二十四节气歌》）

2. 知晓各节气

节气歌里告诉我们的二十四节气，你还记得它们分别是什么吗？

立春，雨水，惊蛰，春分，清明，谷雨；

立夏，小满，芒种，夏至，小暑，大暑；

立秋，处暑，白露，秋分，寒露，霜降；

立冬，小雪，大雪，冬至，小寒，大寒。

（二）节气分类

1. 二十四节气分类

二十四节气的命名反映了季节、气候现象、气候变化等，谁愿意来给它们分分类？

表示寒来暑往变化：立春、春分、立夏、夏至、立秋、秋分、立冬、冬至。

表示温度变化：小暑、大暑、处暑、小寒、大寒。

反映降水量：雨水、谷雨、白露、寒露、霜降、小雪、大雪。

反映物候现象或农事活动：惊蛰、清明、小满、芒种。

2. 何为处暑

（1）关注处暑读音（“处”表示“终止、结束”时读第三声，如“处理”“处决”）。

（2）关注“小暑—大暑—处暑—小寒—大寒”，字面感受小暑、大暑、小寒、大寒这几个节气的气温变化，进而猜测处暑处于哪一种状态。（预设：由热转凉）（小暑、大暑、处暑，暑是炎热的意思。小暑还未达最热，大暑才是最热时节，处暑是暑天将结束的日子。它们分别处在每年公历的7月7日、7月23日和8月23日左右。）

（3）同学们的猜测对不对呢？我们一起来看看。

（三）走近处暑

1. 处暑的含义

（1）出示二十四节气图。处暑为公历8月中旬，这个“处”是“止”的意思，这样一来，你觉得处暑是什么意思呢？

（2）是的，暑气至此而止，开始退伏潜藏，以待来年了。所以《诗经》中也提道：

“七月流火，九月授衣。”这个“七月”便是农历七月，天气开始转凉的意思。阳气炽热而催熟万物后自然退位，阴气开始弥漫，秋风渐肃，这就是中秋了。

2. 处暑“三候”

（1）每个节气都有它的物候特征，处暑也不例外，我们一起读一读。

（出示：鹰乃祭鸟，天地始肃，禾乃登。）

（2）解释物候。

一候鹰乃祭鸟：处暑之日“鹰乃祭鸟”，说鹰自此日起感知秋之肃气，冷酷地搏杀猎物。先猎之物要先陈列为祭，古人称之“义举”。

二候天地始肃：后五日“天地始肃”，这个“肃”是“肃清”，天气因“肃”而清，因“肃”必“肃杀”，所以，肃清后必带来萧瑟之气。

三候禾乃登：再五日“禾乃登”，禾是五谷各类，天气肃杀后，庄稼才有收成，成熟曰“登”（如五谷丰登）。

因此有句话是这样说的：秋雨寒凉，禾谷满仓，秋高气爽，人间雷降。

3. 处暑景致

（1）秋云。

竹风醒晚醉，窗月伴秋吟。夏衣临晓薄，秋影入檐长。秋光轻浅，秋云委婉。

（2）秋水。

王勃有云：“落霞与孤鹜齐飞，秋水共长天一色。”

（3）秋声。

秋声赋（节选）

（宋）欧阳修

予曰：“噫嘻悲哉！此秋声也，胡为而来哉？盖夫秋之为状也：其色惨淡，烟霏云敛；其容清明，天高日晶；其气栗冽，砭人肌骨；其意萧条，山川寂寥。故其为声也，凄凄切切，呼号愤发。丰草绿缛而争茂，佳木葱茏而可悦；草拂之而色变，木遭之而叶脱。其所以摧败零落者，乃其一气之余烈。夫秋，刑官也，于时为阴；又兵象也，于行用金，是谓天地之义气，常以肃杀而为心。天之于物，春生秋实，故其在乐也，商声主西方之音，夷则为七月之律。商，伤也，物既老而悲伤；夷，戮也，物过盛而当杀。”

如此美妙的节气，诗人们也都忍不住想吟诵一番了，关于处暑的古诗有很多，我们一起来学一学。

（四）诗话处暑

1. 古诗中的处暑

（1）出示古诗。

长江二首

（宋） 苏 泂

处暑无三日，新凉直万金。
白头更世事，青草印禅心。
放鹤婆娑舞，听蛩断续吟。
极知仁者寿，未必海之深。

晚 晴

（唐） 杜 甫

返照斜初彻，浮云薄未归。
江虹明远饮，峡雨落余飞。
凫雁终高去，熊罴觉自肥。
秋分客尚在，竹露夕微微。

处暑后风雨

（宋） 仇 远

疾风驱急雨，残暑扫除空。
因识炎凉态，都来顷刻中。
纸窗嫌有隙，纨扇笑无功。
儿读秋声赋，令人忆醉翁。

早秋曲江感怀

（唐） 白居易

离离暑云散，袅袅凉风起。

池上秋又来，荷花半成子。

朱颜易销歇，白日无穷已。

人寿不如山，年光急于水。

青芜与红蓼，岁岁秋相似。

去岁此悲秋，今秋复来此。

（2）指名读，提问读懂了什么。

（3）交流讨论，指导朗读。

2. 谚语中的处暑

我们都知道，古人在平时的生活中积累了不少经验，这一类经验通过口耳相传的方式流传了下来，形成了谚语，那么，你又知道哪些有关处暑的谚语呢？

（1）生交流分享。

（2）补充出示。

处暑天还暑，好似秋老虎。

处暑天不暑，炎热在中午。

处暑处暑，热死老鼠。

处暑高粱白露谷。

处暑三日割黄谷。

处暑十日忙割谷。

（3）从这些农谚中，你读出了什么？

① 处暑时期，天气还会比较热。

② 处暑过后，庄稼便丰收了。

（五）处暑习俗

1. 处暑吃鸭

处暑节气，民间有吃鸭子的习俗，做法也五花八门。处暑这天，老北京人都会去买处暑百合鸭，而江苏地区，做好鸭子菜，首先要端一碗送给邻居，叫作“处暑送鸭，无病各家”。

2. 放河灯：悼念逝者，祈保平安

处暑节气前后的民俗多与祭祖及迎秋有关。处暑前后民间会有庆赞中元的活动，俗称作“七月半”或“中元节”，其中一项重要的民俗是放河灯。

河灯也叫“荷花灯”，一般是在底座上放灯盏或蜡烛，中元夜放在水中任其漂流，向海神祈保平安，后来发展为对逝去亲人的悼念、对活着的人们的祝福。

3. 开渔节：千舸竞发，捕获海鲜

对于沿海渔民来说，处暑是渔业收获的时节，每年处暑期间，在浙江省沿海都要举行一年一度的隆重的开渔节，决定在东海休渔结束的那一天，举行盛大的开渔仪式，欢送渔民开船出海。

（六）处暑养生

1. 处暑养生注意事项

（1）处暑是反映气温变化的一个节气。处暑前后，冷空气南下次数开始增多，气温下降逐渐明显。南方地区，往往在处暑尾声再次遭遇高温天，这就是名副其实的“秋老虎”。处暑时节，白天气温虽然仍会很高，但早晚温度低，温差较大，人们应预防感冒。

（2）处暑后，人体出汗明显减少，水盐代谢功能逐渐恢复平衡，进入生理休整阶段，机体出现疲惫感，产生“秋乏”。化解“秋乏”，要保证充足睡眠，早睡早起，避免熬夜；饮食清淡，宜多吃西红柿、茄子、马铃薯、葡萄和梨等食物。

（3）处暑之后，秋意渐浓，正是畅游郊野、迎秋赏景、登高望远的好时节。秋季运动可选择快走、登山、打球等，对于老年人来说，运动要以不累为标准。运动时间最好选在早晚，中午室外天气仍然炎热，要避免户外活动。

2. 养生小贴士

听了这么多，你有没有一些温馨提示给你身边的人呢？请你为你的家人写一写养生小贴士吧！

（七）结束语

今天，我们了解了处暑这个节气，学习了关于它的农谚和古诗，还了解了这个节气的习俗，知道了在这个时节中该如何养生，相信你们一定有了不少收获。回家后可以和父母聊聊这个节气，也可以把你的收获写进日记里。

"白露"教学设计

深圳市宝安区灵芝小学　叶小美

【教学目标】

（1）了解白露的由来、诗歌、谚语等信息，明白白露的节气特征。

（2）观察生活，了解生活，感受节气所包含的文化含义。

（3）感受传统文化的博大精深。

【教学重难点】

重点：了解白露节气的特点和习俗。

难点：感受传统文化的博大精深。

【教学准备】

（1）教师搜集白露的相关资料，制作PPT。

（2）学生向大人了解白露的民间活动，搜集与白露有关的谚语、古诗。

【教学过程】

（一）回顾导入

师：同学们，我们回顾一下处暑。

（生分享自己的发现和感受。）

（1）是不是早晚温差变大了？

（2）庄稼慢慢成熟了，你发现它们的变化过程了吗？

这段时间我们可以一起观察下白露又有什么变化，如：

① 早晨起来看看草丛出现了什么。

② 闻闻什么花开得这么香。

③ 大雁或者燕子往南飞，你看到它们了吗？

今天这节课，我们要来认识第十五个节气——白露。

（二）认识白露

1. 说文解字“白露”

（1）出示“白”“露”的字体演变过程：同学们，古时候的“白”字是这样写的。

（2）出示图片：猜猜“白露”是什么意思？为什么小草上会有白色的露水呢？

（3）出示白露含义：谁给大家介绍一下白露？

白露，时间点在9月7日—9日之间。这时节，白天与晚上的温差越来越大，夜晚空气中的水汽接触到地面或草木时，迅速凝结成细小的水滴。这些露珠晶莹剔透，太阳光照在上面发出洁白的光芒，所以被称为“白露”。此时暑气还没有完全消尽，是一年中昼夜温差最大的时候。白露一到，人们迎来作物成熟、瓜果飘香的时节。

2. 发起倡议

同学们，从现在开始，我们一起寻找露珠、观察露珠，如果还没有出现，说明温差还不够大哦，如果发现了白露，我们可以闻一闻、摸一摸，看看有什么气味，有什么感受。

（三）了解白露

1. 谚语我读读

（1）同学们，我们一起读读老百姓留下的有关白露的谚语。

PPT出示：

一场秋风一场凉，一场白露一场霜。

白露秋分夜，一夜凉一夜。

白露身不露，寒露脚不露。

喝了白露水，蚊子闭了嘴。

交流讨论：从这些谚语中你读懂了什么？说给大家听听。

（2）除了有关白露气候的谚语，老师还收集了关于农业的谚语。自己读一读。

PPT出示：

苹果梨子大批卸，出售车拉又船载。

红枣成熟适时收，深细加工再外卖。

白菜萝卜追和浇，冬瓜南瓜摘家来。

白露满地红黄白，棉花地里人如海。

小结：看来白露不仅是个丰收的季节，也是一个播种的季节。所以说，节气主要是为农业服务的，不过，每一句谚语都需要我们亲自去体验，大家在生活中要记得用心留意和观察哦。

2. 古诗我积累

（1）古人们还写了很多关于白露的诗词，我们一起来积累吧。

PPT出示：

白露

（唐）杜甫

白露团甘子，清晨散马蹄。

圃开连石树，船渡入江溪。

凭几看鱼乐，回鞭急鸟栖。

渐知秋实美，幽径恐多蹊。

赏析：夜晚凝成的白露，清晨就被奔跑的马蹄给踩散了。花圃里花儿都开了，渡船驶入溪中。鱼儿在水面上欢悦，挥着鞭子惊到了栖息的鸟儿。看到这些风景，才知道秋天的美丽。

衰荷

（唐）白居易

白露凋花花不残，凉风吹叶叶初乾。

无人解爱萧条境，更绕衰丛一匝看。

赏析：这是一首动人的惜荷佳作，对荷魂牵梦绕，藕断丝连，一茎残荷花，半蓬枯叶。

玉阶怨

（唐）李 白

玉阶生白露，夜久侵罗袜。

却下水晶帘，玲珑望秋月。

赏析：玉砌的台阶夜里已滋生了白露，夜深久伫立露水便浸湿了罗袜。只好回到室内放下了水晶帘子，仍然隔着透明的帘子凝望秋月。

通过读这几首古诗，你读懂了什么？跟大家分享一下。老师建议，最好的理解古诗的方式就是认真去观察和感受生活。

（2）我国古代将白露分为“三候”：“一候鸿雁来；二候玄鸟归；三候群鸟养羞。”白露时节，鸿雁与燕子等候鸟开始南飞避寒，百鸟开始贮存干果粮食准备过冬。

思考：你知道什么叫留鸟，什么叫候鸟吗？大雁为什么要往南飞？

（四）走近白露

1. 习俗我讲讲

师提问：同学们，你知道白露时节还有哪些习俗吗？

祭禹王（生1）：我的家乡在江苏，白露时秋水横溢，鱼蟹肥美，我们家乡的人会在白露时节赶往位于太湖中央小岛上的禹王庙进香，祈祷神灵的保佑。我们称禹王为“水路菩萨”，一年举办四次祭禹王的香会。其中白露秋祭规模最大，持续七天之久。在祭拜时，人们许愿将秋冬之际捕捞的第一条肥鱼献给禹王。

喝白露米酒（生2）：我的家乡在湖南，有酿白露米酒的习惯。每年白露时节，家家酿酒，用以待客。酒酿好后入坛密封，埋入地下，需要几十年乃至数年的等待后方才开封饮用。

白露茶（生3）：我爷爷告诉我，白露的茶也颇有讲究。自古以来，就有“春茶苦，夏茶涩，要好喝，秋白露”的说法。白露前后，茶树生长。白露之后制作的茶饮味道醇厚，老茶客们至今仍保留着喝白露茶的习俗。

吃龙眼（生4）：我还知道福州有个传统叫作“白露必吃龙眼”。民间的意思为，在白露这一天吃龙眼有大补身体的奇效，在这一天吃一颗龙眼相当于吃一只鸡那么补，虽然听起来感觉太夸张了，但因为龙眼本身就有益气补脾、养血安神、润肤美容等多种功效，还可以治疗贫血、失眠、神经衰弱等多种疾病，而且白露之前的龙眼个大、核小、味甜口感好，所以白露吃龙眼是再好不过的了，不管是不是真正大补，有的吃就是补。

白露节（生5）：传说有个御厨叫白露，手艺高明。当时有个皇帝好的吃多了，觉得什么东西都没有味，就将城里有名的厨师都叫来，问厨师们：“世上什么东西最有味？”一个厨师说：“海参最有味。”皇帝不满意，将他杀了。另一个厨师说：“天鹅最有味。”皇帝也不满意，又将他杀了。白露见前两个厨师都死了，知道自己也难逃这一关，就招呼徒弟们说：“如果我死了，你们要为我报仇。”轮到皇帝问白露时，白露说：“盐最有味。”皇帝听了更加生气，又把白露杀了。白露死后，他的徒弟给皇帝炒菜时都不放盐，皇帝吃得没有味，就问他们为什么不放盐？徒弟们说：“不敢放盐，因为师傅说盐最有味，所以他被你杀了。”皇帝听后，猛然醒悟，知道自己错杀了白露。就下令每年的农历八月初五为白露节。

小结：白露的习俗可真多，你们是通过什么方法了解的呢？（预设：到图书馆，问长辈，上网查找……）只要方法正确，就能帮助我们获取更多的知识。

2. 养生我学学

身体健康最重要，白露时节我们该怎么养生呢？老师向大家介绍吧。

（1）出示：

注意温差变化。白露前后，天气由暑热转凉爽，正处于阴阳相交的过程中。以人体的敏锐，很快就能感知到这种温度的变化，早晚温差大，就要备好外套，不要再裸露肌肤。

饮食要清淡。建议少吃辣椒等燥热的食物，多吃梨、葡萄、苹果等应季的蔬果，或是用沙参、麦冬、百合、银耳、花胶、燕窝、雪蛤等食材搭配于食物中，或是煮粥煲汤饮用。

调整好情绪。进入秋季，人常有“悲凉”的感觉，易出现低沉甚至抑郁的情绪。建议大家有意识地多走动，与外界多接触、多交流，调养好心神，打破“悲秋”情结。

（2）请大家记一记，写一写养生小贴士送给家人朋友吧。

（五）总结

今天，我们学习了白露的特征、习俗、谚语和古诗，知道了白露的养生知识，体会到古代劳动人民的辛勤智慧。希望同学们利用课后时间进一步了解其他节气，感受不同节气蕴含的生活气息和文化精神。

参考文献

［1］萧放.二十四节气——中国人的自然时间观［M］.长沙：湖南教育出版社，2017.

［2］中国农业博物馆.二十四节气农谚大全［M］.北京：中国农业出版社，2016.

“秋分”教学设计

深圳市宝安区灵芝小学　熊艳丽

【教学目标】

（1）使学生了解与秋分有关的习俗，感受秋分带给我们的文化情趣。

（2）了解关于秋分的诗词和相关的知识。

【教学重难点】

（1）了解与秋分有关的习俗，感受秋分带给我们的文化情趣。

（2）积累关于秋分的谚语及诗词。

【教学准备】

多媒体课件。

【教学过程】

（一）清晨问候开启

齐声：在阳光明媚的早晨，让我们道声“早安”吧！

教师：早安，孩子们！

学生：早安，老师！

教师：整个早晨，我一直看着你们！

学生：整个早晨，我一直看着您！

教师：一年之计在于春。

学生：一日之计在于晨。

教师：让我们用动听的晨诵声——

学生：开启美好的一天吧！

（二）学习《二十四节气歌》

二十四节气歌

打春阳气转，雨水沿河边，
惊蛰乌鸦叫，春分地皮干，
清明忙种麦，谷雨种大田，
立夏鹅毛住，小满雀来全，
芒种开了铲，夏至不拿棉，
小暑不算热，大暑三伏天，
立秋忙打甸，处暑动刀镰，
白露割蜜薯，秋分不生田，
寒露不算冷，霜降变了天，
立冬交十月，小雪地封严，
大雪河叉牢，冬至不行船，
小寒大寒冰如铁，迎来又一年。

（三）秋分简介

从气象学角度讲，每年太阳运行到黄经180°（秋分点），太阳几乎直射地球赤道，全球各地昼夜等长，这天即为秋分。一般在每年的9月22日—24日。

秋分和春分一样，是古人最早确立的节气。秋分的意思有二，一是秋分日居于秋季90天之中，平分了秋季；二是此日同春分日一样，阳光几乎直射赤道，此日后，阳光直射位置南移，北半球昼短夜长。

（四）秋分"三候"

一候雷始收声。古人认为雷是因为阳气盛而发声，秋分后阴气开始旺盛，所以不再打雷了。因此，雷声不但是暑气的终结，也是秋寒的开始，更是万物开始衰败的征兆，天气也逐渐阴冷寒凉。

二候蛰虫坯户。《礼记》注曰：“坯，益其蛰穴之户，使通明处稍小，至寒甚，乃墐塞之也。”由于天气变冷，蛰居的小虫开始藏入穴中，并且用细土将洞口封起来以防寒气侵入。

三候水始涸。《礼记》注曰：“水本气之所为，春夏气至，故长，秋冬气返，故涸也。”这是说此时降雨量开始减少，由于天气干燥，水汽蒸发快，所以湖泊与河流中的水量变少，一些沼泽及水洼处便处于干涸之中。

（五）秋分的习俗

1. 秋祭月

据史书记载，早在周朝，古代帝王就有春分祭日、夏至祭地、秋分祭月、冬至祭天的习俗。现在的中秋节则是由传统的祭月节而来。据考证，最初祭月节定在秋分这一天，不过由于这一天在农历八月里的日子每年不同，不一定都有圆月，而祭月无月则是大煞风景的，所以，后来就将祭月节由秋分调至中秋（图1）。

图1　秋祭月仪式

2. 秋分立蛋

“秋分到，蛋儿俏”。在每年的春分或秋分这一天，我国很多地方都会有数以千万计的人在做竖蛋试验。选择一个“身量匀称”的新鲜鸡蛋，小心地将其竖放在桌上，失败者虽然多，成功者也不少，竖立起来的蛋儿好不风光（图2）。

图2　秋分立蛋活动

3. 送秋牛

秋分时节，便出现挨家送秋牛图的。其图是把两开红纸或黄纸印上全年农历节气，还要印上农夫耕田图样，名曰“秋牛图”（图3）。送图者都是些民间善言唱者，主要说些秋耕和吉祥、不违农时的话，每到一家更是即景生情，见啥说啥，说得主人乐而给钱为止。言词虽随口而出，却句句有韵动听，俗称“说秋”，说秋人便叫“秋官”。

图3　秋牛图

4. 放风筝

秋分期间还是孩子们放风筝的好时候，这个时候气候宜人，风力适中，尤其是秋分当天（图4）。

图4　放风筝活动

（六）秋分谚语

秋分见麦苗，寒露麦针倒。

秋分种小葱，盖肥在立冬。

大暑旱，处暑寒，过了秋分见寒霜。

白露秋分夜，一夜冷一夜。

春分无雨莫耕田，秋分无雨莫种园。

秋分只怕雷电闪，多来米价贵如何。

秋分收花生，晚了落果叶落空。

（七）学习新诗

根据学生年龄和班级实际情况，教师自定诗词内容和数量。

山居秋暝

（唐）王　维

空山新雨后，天气晚来秋。

明月松间照，清泉石上流。

竹喧归浣女，莲动下渔舟。

随意春芳歇，王孙自可留。

夜喜贺兰三见访

（唐） 贾 岛

漏钟仍夜浅，时节欲秋分。

泉聒栖松鹤，风除翳月云。

踏苔行引兴，枕石卧论文。

即此寻常静，来多只是君。

中秋对月

（唐） 李 频

秋分一夜停，阴魄最晶荧。

好是生沧海，徐看历杳冥。

层空疑洗色，万怪想潜形。

他夕无相类，晨鸡不可听。

秋分后顿凄冷有感

（宋） 陆 游

今年秋气早，木落不待黄。

蟋蟀当在宇，遽已近我床。

况我老当逝，且复小彷徉。

岂无一樽酒，亦有书在傍。

饮酒读古书，慨然想黄唐。

耄矣狂未除，谁能药膏肓。

（八）结束语

教师：亲爱的孩子们。

学生：亲爱的老师。

教师：谢谢你们送给我美妙的声音！

学生：谢谢您陪伴我度过美好的时光!

【布置作业】

（1）将秋分的相关知识讲给父母听。

（2）给家长背诵关于秋分的诗词（至少两首）。

“寒露”教学设计

深圳市宝安区灵芝小学　陈 敏

【教学目标】

（1）了解寒露的由来和习俗。

（2）学习寒露“三候”和相关诗歌。

（3）学习绘制寒露思维导图，激发学生探究传统文化的兴趣。

【教学重难点】

重点：了解寒露的由来和习俗；学习寒露“三候”和相关诗歌。

难点：学习绘制寒露思维导图，激发学生探究传统文化的兴趣。

【教学准备】

（1）教师准备课件。

（2）学生课前收集寒露节气相关资料。

【教学过程】

（一）谈话激趣，导入新课

（1）师：亲爱的同学们，还记得我们之前学过的《二十四节气歌》吗？

（生齐诵《二十四节气歌》）

师：《二十四节气歌》中的第一个“寒”，是指哪个节气呢？

生：寒露。

（2）教师出示关于寒露的古诗，小结导入。

池 上

（唐） 白居易

袅袅凉风动，凄凄寒露零。

兰衰花始白，荷破叶犹青。

独立栖沙鹤，双飞照水萤。

若为寥落境，仍值酒初醒。

师：寒露是二十四节气中的第十七个节气，是秋季的第五个节气。寒露节气是天气转凉的象征，标志着天气由凉爽向寒冷过渡，气温比白露时更低，地面的露水更冷，快要凝结成霜了，故有俗语道“寒露寒露，遍地冷露”。让我们一起走近寒露。

（二）整体感知，了解寒露

1. 寒露之由来

师：寒露的由来是什么？让我们一起观看视频，走近寒露。

学生观看关于寒露的视频，小组内交流了解到的寒露信息，派代表进行展示。

预设：每年公历的10月8日前后，太阳到达黄经195°，是二十四节气的寒露。白露是天气由炎热转为凉爽，而寒露是由凉爽转为寒冷。

2. 寒露之气候

师：每个节气都有自己的物候，我们的祖先根据物候来判定季节的变化，安排工作和生活。

请学生分享自己收集的寒露物候资料。

生：寒露三候，一候鸿雁来宾，二候雀入大水为蛤，三候菊有黄华。

生：从白露节气开始，鸿雁便开始排成“一”字形或“人”字形向南迁徙。到了寒露，是最后一批了。古人称后到的为“宾”。再过五天，天冷，风寒，雀鸟都不见了。古人看到海边出现的蛤蜊，贝壳上的条纹和颜色都与雀鸟相似，便以为雀鸟入海变成了蛤蜊。又过五天，菊花开放。

生：寒露时节在不同的地方其实气候特点还不一样呢！寒露过后，我国南方大部分地区气温继续下降。南岭及以北的地区均已进入秋季，东北和西北地区已进入或即将进入冬季。北京大部分地区这时已可见初霜，除全年飞雪的青藏高原外，东北北部和新疆北部地区一般已开始降雪。

师总结：古人将寒露作为寒气渐生的表征。寒露节气之后，热气消退，寒气渐生，天气渐转寒，常言道“白露身不露，寒露脚不露”。

（三）习俗入手，走近寒露

过渡：寒露时节我们有哪些独特的风俗呢？

1. 寒露之饮食

请学生分享自己收集的寒露饮食资料。

生：寒露时节起，雨水渐少，天气干燥，昼热夜凉。养生的重点是养阴防燥、润肺益胃。同时要避免因剧烈运动、过度劳累等耗散精气津液。在饮食上还应少吃辛辣刺激、香燥、熏烤等类食品，宜多吃些芝麻、核桃、银耳、萝卜、番茄、莲藕、牛奶、百合、沙参等有滋阴润燥、益胃生津作用的食品。

生：室内要保持一定的湿度，注意补充水分，多吃雪梨、香蕉、哈密瓜、苹果、提子等水果。此外还应重视涂擦护肤霜来保护皮肤，防止干裂。

2. 寒露之习俗

师：古人非常重视养生，注意饮食、起居等以确保体内的生理（阴阳）平衡。寒露还有哪些有趣的习俗呢？

学生根据课前收集的资料来介绍。

（1）拜太公山：九月节，寒露、霜降、重阳到。最美夕阳红，过去重阳节与除夕、清明节、七月半为四大祭祖节日，岭南部分地区流行重阳拜太公山，重阳也是一年中最重要的祭祖扫墓的日子。

（2）拜祭火神：《吕氏春秋·季秋纪》记载：“九月丰收之时要求祭天地、祭祖以谢恩赐。”此外亦有季秋时节拜祭火神的风俗。

（3）登高辞青也是九月风俗之一，九月天气渐凉，草木开始凋零，登山辞青与在阳春三月春游踏青相对应。

（四）寒露诗词，源远流长

过渡：这些自然现象不知陶醉了多少诗人，一草一木、一鸟一虫也都成为他们赞美大自然的素材，成为他们抒发感情的凭借。我们来看看诗人眼中的寒露吧！

（1）寒露之诗词。

展示不同诗人写的寒露诗词，学生说说诗人通过哪些景物描写了寒露。

（2）诵寒露之诗。

（3）背寒露谚语。

吃了寒露饭，单衣汉少见。

寒露时节人人忙，种麦、摘花、打豆场。

寒露柿红皮，摘下去赶集。

寒露节到天气凉，相同鱼种要并塘。

（五）延伸拓展，课堂小结

1. 绘制寒露思维导图

现在请同学们根据课前搜集的资料，从习俗、物候、美食、谚语、时间、养生、诗词等方面选择一个或几个喜欢的内容，小组合作绘制寒露思维导图，来展示一下你们眼中的寒露吧！

2. 小结

寒露时节，登高怀远，菊香盈袖。感谢可爱又有才的你，和老师一起走近二十四节气之寒露。

“霜降”教学设计

深圳市宝安区灵芝小学 陈 敏

【教学目标】

（1）了解霜降的由来和习俗。

（2）学习霜降“三候”和相关诗歌。

（3）学习绘制霜降思维导图，激发学生探究传统文化的兴趣。

【教学重难点】

重点：了解霜降的由来和习俗；学习霜降“三候”和相关诗歌。

难点：学习绘制霜降思维导图，激发学生探究传统文化的兴趣。

【教学准备】

（1）教师准备课件。

（2）学生课前收集霜降节气相关资料。

【教学过程】

（一）谈话激趣，导入新课

（1）师：亲爱的同学们，请回忆一下，上节课我们学习的是什么节气？它有什么习俗呢？是的，就是寒露，寒露节气是天气转凉的象征，标志着天气由凉爽向寒冷过渡。“寒露寒露，遍地冷露。”寒露有拜太公山、祭拜火神、登高辞青等有趣的习俗，今天就让我们继续走近二十四节气之霜降！

（2）教师出示关于霜降的古诗，小结导入。

师：霜降是秋季的最后一个节气，是秋季到冬季的过渡。霜降节气的特点是早晚天气较冷，中午则比较热，昼夜温差大，秋燥明显。由于霜是天冷、昼夜温差变化大的表现，故以“霜降”命名来表示这个气温骤降、昼夜温差大的节令。让我们一起走近霜降。

（二）整体感知，了解霜降

1. 霜降之由来

师：霜降的由来是什么？让我们一起观看视频，走近霜降。

学生观看关于霜降的视频，小组内交流了解到的霜降信息，派代表进行展示。

预设：每年公历的10月23日前后，太阳到达黄经210° 时，是二十四节气之一的霜降。霜降不是表示降霜，而是表示气温骤降、昼夜温差大。霜降节气后，深秋景象明显，冷空气南下越来越频繁。

2. 霜降之气候

师：每个节气都有自己的物候，我们的祖先根据物候来判定季节的变化，安排工作和生活。

请学生分享自己收集的霜降物候资料。

生：霜降三候，一候豺乃祭兽，二候草木黄落，三候蜇虫咸俯。

生：霜降时节，豺狼开始捕获猎物。大地上的树叶枯黄掉落，冬天即将到来。蛰伏在洞里的虫子不动不食，垂下头来进入冬眠状态。

生：霜降时节在不同的地方气候特点还不一样呢！霜降时节冷空气南下，天气越来越冷，我国南方地区早晚较冷；而北方部分地区早已入冬，部分地区温度已降到0℃以下，如东北地区的北部、内蒙古东部和西北地区大部分平均气温已在0℃以下。

师总结：俗话讲“霜降杀百草”，霜降过后，植物渐渐失去生机，大地一片萧索。

（三）习俗入手，走近霜降

过渡：霜降时节我们有哪些独特的风俗呢？

1. 霜降之饮食

请学生分享自己收集的霜降饮食资料。

生：在中国的一些地方，霜降时节要吃红柿子，在当地人看来，红柿子不但可以御寒保暖，同时还能补筋骨，是非常不错的霜降食品。泉州老人对于霜降吃柿子的说法是：霜降吃丁柿，不会流鼻涕。有些地方对于这个习俗的解释是：霜降这天要吃柿子，不然整个冬天嘴唇都会裂开。住在农村的人们到了这个时候，则会爬上一棵高大的柿子树，摘几个光鲜香甜的柿子吃。

生：民间有“补冬不如补霜降”的说法。霜降时节，天气越发寒冷，民间食俗也非常有特色。人们认为先补重阳后补霜降，而且秋补比冬补更要紧。因此，霜降时节，民间有煲羊肉、煲羊头、迎霜兔肉的食俗。

2. 霜降之习俗

师：古人非常重视养生，注意饮食、起居等以确保体内的生理（阴阳）平衡。霜降还有哪些有趣的习俗呢？

学生根据课前收集的资料来介绍。

（1）赏菊：古有“霜打菊花开”之说，所以登高山、赏菊花也就成了霜降这一节令的雅事。霜降时节正是秋菊盛开的时候，我国很多地方在这时要举行菊花会，赏菊饮酒，以示对菊花的崇敬和爱戴。古人眼里，菊花有着不寻常的文化意义，被认为是“延寿客”“不老草”。

（2）送芋鬼：在广东高明地区，霜降前有“送芋鬼”的习俗。霜降时节，人们会用瓦片堆砌成河内塔，在塔里面放入干柴点燃，火烧得越旺越好，直至瓦片烧红，再将河内塔推倒，用烧红的瓦片热根芋头，这在当地称为“打芋煲”，最后把瓦片丢到村外，这就是“送芋鬼”。人们以这样的方式辟凶迎祥。

（3）登高远眺：古时霜降时节有登高远眺的习俗。九月节，寒露、霜降、重阳到。登高能使人的肺通气量和肺活量明显增加，血液循环增强，脑血流量增加，达到增强体质、防病治病的目的，而且，登高还可以培养人的意志，陶冶情操。

（4）扫墓祭祖：古时候，霜降时节有扫墓祭祖的习俗。《清通礼》中说：“岁寒食及霜降节，拜扫圹茔，届期素服诣墓，具酒馔及芟剪草木之器；周服封树，剪除荆草，故称扫墓。”

（四）霜降诗词，源远流长

过渡：这些自然现象和独特的习俗让不少诗人沉醉其中，我们来看看诗人眼中的霜降吧！

（1）霜降之诗词。

展示不同诗人写的霜降诗词，学生说说诗人通过哪些景物描写了霜降。

（2）诵霜降之诗。

（3）背霜降谚语。

一夜孤霜，来年有荒；多夜霜足，来年丰收。

霜降后降霜，稻谷打满仓。

时间到霜降，种麦就慌张。

霜降不摘柿，硬柿变软柿。

（五）延伸拓展，课堂小结

1. 绘制霜降思维导图

请大家拿出搜集的资料，从物候、习俗、饮食、谚语、时间、养生、诗词等方面选择一个或几个喜欢的内容，小组合作绘制霜降思维导图，来展示一下你们眼中的霜降吧！

2. 小结

霜降时节，万山红遍，层林尽染。感谢聪明又认真的你，和老师一起走近二十四节气之霜降。

冬知严寒

冬季是四季中的最后一个季节，此时绝大部分地区变得寒冷，农事活动减少，人们开始准备迎接新一年的到来。属于冬季的六个节气依次有立冬（公历11月7日—8日）、小雪（公历11月22日—23日）、大雪（公历12月6日—8日）、冬至（公历12月21日—23日）、小寒（公历1月5日—7日）、大寒（公历1月20日—22日）。

立冬标志着冬季的开始，气温降低，风雨、光照、气温等处于转折点上。小雪与大雪都是反映降水、降雪的节气，此时降雪增多，天气越来越冷。冬至标示着北半球的太阳高度最低，白昼时间最短，夜晚时间最长。小寒和大寒是最寒冷的时节，大寒以后，立春接着到来，天气渐暖。

“立冬”教学设计

深圳市宝安区灵芝小学 倪思敏

【教学目标】

（1）了解立冬的由来与习俗。

（2）学习关于立冬的古诗词。

（3）学会创作立冬颂，激发学生对中国传统文化的兴趣。

【教学重难点】

重点：了解立冬的由来与习俗；学习立冬的古诗词。

难点：学会创作立冬颂，激发学生对中国传统文化的兴趣。

【教学准备】

PPT、视频、道具、情景剧。

【教学过程】

（一）情景剧导入，激发兴趣

1. 情景剧导入

（时间：大唐立冬晚　人物：李白）

旁白：穿越千年，回到大唐。那一晚，白雪纷纷扬扬，万物凋零。大诗人李白只好与炉火琼浆相伴，微醉中竟将一地月光当成了下雪的痕迹……（手扬起，指向李白）

李白：（先趴在桌子前奋笔疾书，后跺脚）太冷了，太冷了。鄙人要喝点小酒热热身。（随手拿起酒杯，举杯豪饮，走到窗前，大喊）哎哟，居然下雪了，鄙人要赋诗一首。冻笔新诗懒写，寒炉美酒时温。醉看墨花月白，恍疑雪满前村。

教师：看完情景剧，请你猜一猜剧中是什么节气？（学生开始猜，并说明依据。）

2. 教师出示立冬古诗，导入新课

教师：立冬，十月大节。立，建始也，冬季开始登场，冬，终了也，万物开始收藏。立冬，冬季的开始，是二十四节气中第十九个节气，让我们一起走近立冬。

3. 教师与学生一起板书课题

立冬。（齐读课题）

（二）整体感知，了解立冬

1. 立冬之由来

教师：立冬的由来是什么？让我们一起到视频中去探索立冬的奥秘吧。

学生观看关于立冬的视频，向组内成员汇报立冬信息，小组内派代表进行展示。

（预设：立冬，是二十四节气中的第十九个节气，其确定的依据是以太阳到达黄经225° 为准，在每年11月6日、7日或者8日。）

2. 立冬之字源

教师：立冬有其字源的介绍，汉字的演变藏着立冬的秘密（图1）。（教师展示立冬的字源。）

图1　立冬的字源

3. 立冬“三候”

教师：古人根据物候来判定季节的来临，立冬有“三侯”。

（请学生分享自己收集的立冬物候资料。）

生：第一候水始冰，立冬过后，水开始结冰。

生：第二候地始冻，在立冬之后五日，地开始凝结。

生：第三候雉入大水为蜃。

（教师再次总结。）

（三）习俗入手，走近立冬

1. 古代之立冬

教师：古代的立冬，叫迎冬或者拜冬。天子身兼沟通天、地、人的使命，需要携群臣进行朝拜迎冬，他们的风俗是怎样的呢？让我们去看看吧。（故事分享。）

2. 立冬之饮食

教师：“立冬补冬，补嘴空。”古人特别注重养生，他们日出而作，日落而息，古人认为自然界都有其生长规律，要遵循自然规律，因此古人在立冬时会补充高热量的食物。

（图片展示古人的饮食习惯。）

3. 立冬之习俗

教师：立冬的习俗从古代到现在仍在延续，谁来说说自己家乡地区欢度立冬的习俗呢？

学生1：我是潮汕揭阳人，我们家会有“拜冬礼”，在立冬那天，买些水果，烧香拜佛，会特意买一些红桃粿去拜神，家人们一起吃红桃粿以祈求全家安康。

学生2：我是四川成都人，我家人会在立冬的时候，提早回家，买好打火锅的配菜，一家人团团圆圆地围炉吃火锅。我妈妈说这是团圆的意头。

学生3：我是北方人，我们家会煮饺子，妈妈说饺子就是旧年和新年之交，吃了饺子来年就不会冻手冻脚，其实我觉得很迷信（自己大笑），但是还是会去吃。

学生4：我是河源人，我没有回老家过立冬，但是我听妈妈说在立冬，家乡的人都会用艾叶草包一些艾叶果，外婆说吃了会身体健康。

（四）授之以“渔”，立冬诗词

（1）立冬之诗词。

教师：每一个朝代都注重过立冬节气，每个朝代都有立冬的记忆片段，让我们一起跟随朝代的脚步，去看看诗人笔下的立冬。

展示不同诗人写的立冬诗词，学生说说诗人通过哪些景物描写了立冬。

（2）诵立冬之诗。

（3）背立冬谚语。

雷打冬，十个牛栏九个空。

立冬之日起大雾，冬水田里点萝卜。

立冬北风冰雪多，立冬南风无雨雪。

立冬那天冷，一年冷气多。

（4）创作立冬颂。

________的立冬，你就像________，那________的身姿，仿佛看见__________，我们__________，__________的立冬，好似__________，__________。立冬是一首__________的歌。

（五）课堂小结

教师：同学们，一年又迎立冬日，风扫落叶寒意增。杨林暖冬盼春来，行星寰宇依生傍。感谢迷人又认真的你陪着老师走近二十四节气中的立冬。这节课上到这里，下课。

“小雪”教学设计

深圳市宝安区灵芝小学　陈 敏

【教学目标】

（1）了解小雪的由来和习俗。

（2）学习小雪“三候”和相关诗歌。

（3）学习绘制小雪思维导图，激发学生探究传统文化的兴趣。

【教学重难点】

重点：了解小雪的由来和习俗；学习小雪“三候”和相关诗歌。

难点：学习绘制小雪思维导图，激发学生探究传统文化的兴趣。

【教学准备】

（1）教师准备课件。

（2）学生课前收集小雪节气相关资料。

【教学过程】

（一）猜谜激趣，导入新课

师：亲爱的同学们，今天老师带来了一个字谜，“雨落横山白茫茫”。谁来猜一猜，是什么字呢？没错，谜底是“雪”。

（教师出示小雪古诗，小结导入。）

师：小雪是二十四节气中的第二十个节气。古籍《群芳谱》中说：“小雪气寒而将雪矣，地寒未甚而雪未大也。”到小雪节气由于天气寒冷，降水形式由雨变为雪，但此时由于“地寒未甚”雪下的次数少，雪量还不大，所以称为小雪。让我们一起走近小雪。

（二）整体感知，了解小雪

1. 小雪之由来

师：小雪的由来是什么？让我们一起观看视频，走近小雪。

学生观看关于小雪的视频，小组内交流了解到的小雪信息，派代表进行展示。

预设：每年公历的11月23日或24日，太阳到达黄经240° 时，是小雪节气。

2.“雪”之字源

交流探讨：我们来看看“雪”的甲骨文，多么像一幅画呀？你觉得甲骨文的“雪”像什么？

预设：甲骨文的“雪”上面像雪花从空中飘落下来，下面像两把扫帚……

师：甲骨文的“雪”，上部为“雨”，下面为雪片状，最下面是两只手。这个字的意思是，雪是凝结的雨，可以用手来捧住。小篆中，上面是“雨”，下面是“彗”。“彗”由两部分组成，上面的部分像竹枝做的扫帚，下面是收的形状。“彗”表示用手拿起竹扫帚。整个字的意思是，凝结的雨，也就是雪，要用竹扫帚去扫。

3. 小雪之气候

师：小雪和雨水、谷雨等节气一样，都是直接反映降水的节气。

请学生分享自己收集的小雪物候资料。

生：小雪三候，一候虹藏不见，二候天气上升地气下降，三候闭塞而成冬。

生：古人认为阴阳相交才会有彩虹。小雪时节阴气旺盛阳气伏藏，雨水凝结成雪，彩虹不见了。天空中的阳气上升，大地中的阴气下降。万物失去生机，天地闭塞，严寒的冬天开始了。

（三）习俗入手，走近小雪

过渡：小雪时节我们有哪些独特的风俗呢？

学生根据课前收集的资料来介绍。

1. 腌腊肉

小雪后气温急剧下降，天气变得干燥，是加工腊肉的好时候。小雪节气后，一些农家开始动手做香肠、腊肉，把多余的肉类用传统方法储备起来，等到春节时正好享用美食。

2. 吃糍粑

在南方某些地方，还有农历十月吃糍粑的习俗。糍粑是用糯米蒸熟捣烂后所制成的一种食品，是中国南方一些地区流行的美食。古时候，糍粑是南方地区传统的节日祭品，最早是农民用来祭牛神的供品。俗语“十月朝，糍粑禄禄烧”，就是指祭祀事件。

3. 吃刨汤

小雪前后，土家族群众开始了一年一度的“杀年猪，迎新年”民俗活动，给寒冷的冬天增添了热闹的气氛。吃刨汤是土家族的风俗习惯，在“杀年猪，迎新年”民俗活动中，用热气尚存的上等新鲜猪肉，精心烹饪而成的美食称为“刨汤”。

（四）小雪诗词，源远流长

过渡：“绿蚁新醅酒，红泥小火炉。晚来天欲雪，能饮一杯无？”唐朝的白居易以诗为请柬，邀请刘十九围炉对饮，雪夜畅谈。他说，新酿的米酒上还漂着像蚂蚁一样的酒渣，我用红泥小火炉把新酒加热，小屋里酒香四溢。天好像就要下雪了，在这寒冷的夜晚，你会和我小酌一杯吗？

1. 吟诵《问刘十九》。

2. 背小雪谚语。

小雪封地，大雪封河。

小雪不耕地，大雪不行船。

大地未冻结，栽树不能歇。

小雪虽冷窝能开，家有树苗尽管栽。

（五）延伸拓展，课堂小结

1. 绘制小雪思维导图

现在请同学们根据课前搜集的资料，从习俗、物候、谚语、时间、养生、诗词等方面选择一个或几个喜欢的内容，小组合作绘制小雪思维导图，来展示一下你们眼中的小雪吧！

2. 小结

小雪雪满天，来年必丰年。亲爱的同学们，二十四节气还有很多有意思的故事、习俗等着我们去发现呢！

"大雪"教学设计

深圳市宝安区灵芝小学　邹彩艳

表1　大雪教学设计

<table>
<tr><td colspan="2">设计思路</td><td colspan="2">大雪节气是二十四节气中的第二十一个节气，是冬季节气中的第三个节气。大雪是一个反映降水量的节气，因此在课堂中可以结合前几个反映降水量的节气一起比较学习。南方地区的学生可能对雪的感受不是特别深，在上课时对大雪节气的含义与特点要着重强调</td></tr>
<tr><td colspan="2">教学目标</td><td colspan="2">1.学习什么是大雪节气，了解大雪节气的特点、习俗与人们的活动等。
2.探索大雪节气的气候、环境特点，培养学生自主观察的兴趣与能力。
3.拓展大雪节气相关诗词、谚语，全面感受大雪节气</td></tr>
<tr><td colspan="2">教学重难点</td><td colspan="2">重点：使学生对大雪节气有全面深刻的了解。
难点：激发学生自主观察与探索的兴趣，提高学生留心周围事物变化的能力</td></tr>
<tr><td colspan="2">教学准备</td><td colspan="2">课件、视频等</td></tr>
<tr><td rowspan="2">课堂教学行为路线</td><td>实施路径</td><td>教师行动（搭建平台）</td><td>学生行动（关注细节）</td></tr>
<tr><td>用兴趣来导入</td><td>出示"雪"字甲骨文："同学们，你们知道这是什么字吗？你是怎么知道的呢？"古人云："大者，盛也，至此而雪盛也。"到了这个时段，雪往往下得大，范围也广，故名大雪</td><td>学生通过"雪"字的字形等猜测出这个字，激发学习的兴趣，导入本课主题：大雪</td></tr>
</table>

续 表

<table>
<tr><td colspan="2">教学准备</td><td colspan="2">课件、视频等</td></tr>
<tr><td rowspan="2">课堂教学行为路线</td><td>在体验中表现</td><td>过渡语：大雪是二十四节气中的第二十一个节气，属于冬季六个节气里的第三个，到了此时会有什么样的特点，出现什么样的变化，有什么样的习俗与活动呢？让我们一起进入今天的学习。
活动一：
观看视频，了解大雪的含义、特点等基本知识。大雪和小雪、雨水、谷雨等节气一样，都是一个直接反映降水的节气。虽然此时降雪的可能性增大，但全国各地的降水量在进一步减少，气候干燥。
活动二：
学习与大雪节气有关的“三候”、谚语“瑞雪兆丰年”，进一步对大雪的气候与环境特点进行了解。
大雪“三候”：一候鹖旦不鸣；二候虎始交；“三候”荔挺生。
过渡语：大雪的气候与环境特点的变化是不是很有意思呢？古人们通过连续细致的观察，就能发现大自然的规律，因此我们在日常生活中，也要多留心观察生活中的细微变化。
活动三：
学习大雪节气的习俗：在大雪这一天里，人们都已经停下了耕种的脚步，那他们都会干些什么呢？
活动四：
拓展大雪节气相关诗词、谚语。
学习古诗：《逢雪宿芙蓉山主人》，感受白茫茫一片的大雪风光</td><td>体验一：
使学生对大雪节气有初步的认识，了解这个节气的特点，为接下来的学习做铺垫。
体验二：
通过精确到大雪节气中每一候的特点学习，更加深入地了解大雪的节气特点与环境变化。
体验三：
除了节气特点，学生还可以从另一个角度体验大雪节气的魅力，感受古代人们的活动与大自然的变化规律息息相关。
体验四：
南方学生对雪的感受较少，因此可通过对古诗、谚语等的学习全面充分地感知大雪节气的特点与美丽</td></tr>
<tr><td>以好习惯完成</td><td>1.能够理解什么是大雪节气，了解这个节气的来历、特点、习俗等。
2.背诵《逢雪宿芙蓉山主人》</td><td></td></tr>
</table>

“冬至”教学设计

深圳市宝安区灵芝小学　黄宇静

【设计思路】

冬至节气是二十四节气中的第二十二个节气，是冬季节气中的第四个节气，此时昼最短，夜最长。而这个节气也是平时生活中人们比较重视的一个节气，因此可以从各方面收集冬至的资料，感受冬至节气的传统氛围。

【教学目标】

（1）收集有关冬至的传说、民俗，通过收集材料，真正理解“冬至大如年”的含义。

（2）感受冬至的喜庆，增强学生互助合作的能力，感受传统节日的文化底蕴。

（3）让学生在了解冬至风俗中品味语言，提高语文核心素养。

【教学重难点】

通过收集冬至的材料，传承节日文化，建立起对家乡浓厚的感情。

【教学准备】

（1）通过网络等途径，收集与冬至有关的资料。

（2）向老人询问民间流传的与冬至有关的习俗。

【教学过程】

（一）“至”古文字导入

（1）今天老师给大家带来了一个字，请看（出示“至”的甲骨文）。请你猜猜看，这是一个什么字?

（2）在甲骨文中，箭落地面为“至”。你看，最下面这一横表示地面，这一横上面的部分很像一支箭。

箭从高处飞到地上，就是“至”。那么我们可以猜测，“至”的本意就是到。比如说：自始至终，从古至今。

（3）冬至就是冬天来了。哎呀，其实“至”在这里，是到头的意思。箭矢到达之地可以说是一种极限，因此有达到顶点的意思。冬至，意味着一年快要到头了，春天即将来了。今天就让我们走近一个寒冷的节气——冬至。说到冬至，那我要请大家说说，你是怎么过冬至的?

（4）你知道冬至是怎么来的吗？有哪个小组愿意上台展示一下？

（二）冬至由来篇、美食篇、习俗篇

（1）小组展示思维导图，我们还带来了一个视频，请大家欣赏一下。（形式：生配视频讲解，一男一女）

（2）教师：准备得真用心！掌声送给他们。那我就要来考考大家了，今年的冬至日是在哪一天呀？是啊，今天是大雪，再过15天就是冬至了。到了这一天，我们都吃些什么呢？（生自由回答）

（3）我知道你们早就下了很多功夫，哪个小组来展示一下?

（4）小组展示冬至的美食。

教师：看来都是一群小吃货呀！冬至是进补的最佳时节，给身体适当的滋补，让你在这个冬季温暖、健康地过冬。这说明古人怎么样啊？（古人注重养生）

咱们现代人有诸多健康问题，现代人都有哪些不好的习惯啊?

嗯，所以在这一点上，我们可要向古人学习呀!

冬至在古代可不仅仅是吃啊，还有许多有趣的习俗。你们都找到了哪些习俗呢?

（生展示冬至习俗）

（三）诗歌教学《冬至节》

教师：真了不起！其实，你们刚才说到的那么多习俗啊，聪明的老祖宗们早就在一首小诗中体现出来了！一起来读读看吧！

生（齐读）：

冬至节

冬至冬至，天之生日。
天坛盛祭，天子亲致。

冬至冬至，天之生日。
阳长阴消，天下大治。

冬至冬至，天之生日。
昼短夜长，君子静之。

冬至冬至，天之生日。
数过九九，春来燕至。

（1）这首诗歌中，哪些冬至的习俗是你们刚才没讲到的？

预设：

生1：在冬至这一天，皇帝要亲自去天坛祭拜先祖，但是我不太明白“天之生日”是什么意思？

（2）真会读书。“天之生日”这可得从周朝说起。相传在周朝，过冬至就跟过年一样，相当隆重。因为从冬至这一天开始，白天一天比一天长，阳气逐渐上升，阴气逐渐下降，也就是我们所说的“阳长阴消”。这是一种非常吉祥的征兆，是上天赐予的一种福气，预示着来年国泰民安，就是“天下大治”。那我们想一下，这么重要的日子，预示着新的一年的开始，你猜会是谁的生日？

生：天的生日。

（3）教师：对，天的生日。在这一天，朝廷要举行盛大的祭天仪式，皇帝要亲自去参加祭拜仪式，为民祈福。此外，朝廷放假，军队待命，边塞闭关，商家停业，你猜他们去干吗了？

生：走亲戚去啦！

（4）教师：对啊，串门去啦！提着酒肉贺冬去啦！贺冬也是冬至的一个习俗。我国古代人们对冬至很重视，冬至被当作一个较大的节日，曾有“冬至大如年”的说法，而且有庆贺冬至的习俗。文人雅士为了表达对老师的敬意和感谢，还会在这一天举行盛大的拜师祭孔活动。因此冬至节还是我国最早的教师节呢！了解了这么多，你认为读这首诗歌的时候应该读出什么感觉呢？

生：隆重又喜庆。

（5）教师：来，试试。

生读。

（6）教师：冬至还有哪些特点和习俗呢？

生：老师，我知道，“昼短夜长，君子静之”也是冬至的特点。冬至日是一年中白昼最短的一天，所以君子要静下心来读书，不能浮躁。

教师：说得太对了。还有吗？

九九也是冬至的一种习俗。据我了解，我们班有个小组连九九消寒图都做了呢！有请这个小组上台给我们展示一下好不好？

（7）九九消寒图展示。

生1：九九也是冬至的一种习俗。从冬至那天算起，每九天为一个时期，数完“一九”数“二九”，一直数到九九八十一天，那时天气就暖和了！

生2：因此，就有了这首好听的《九九歌》！

生读：

九九歌

一九二九不出手；

三九四九冰上走；

五九六九沿河看柳；

七九河开八九燕来；

九九加一九，耕牛遍地走。

《九九歌》来源已久，叫作“唱九”，除此之外，还有“画九”。文人墨客会画九朵素梅一枝，每朵梅花9个花瓣。从冬至这天起，每过一天就为一个花瓣涂上颜色，涂完一朵梅花，就过了一个“九”，涂完9朵，就是春来燕至之时。后来到了明清时节，老百姓就画圆圈、画钱币，每天填充一个圆圈，填充的方法根据天气决定，填充规则通常为：上涂阴下涂晴，左风右雨雪当中。

生3：根据这个填充规则，我们便可以清楚地知道某一天的天气情况。

看九九消寒图，回答天气情况。

教师：你看，这可不是简简单单的画一圈过一天呀，这简直就是天气预报啊！

生3：到了清朝的时候，宫廷里又流行了“写九”。这是一幅双钩描红书法，“亭前垂柳珍重待春风”，均为繁体字，每个字都是九画，每画代表一天，每过一九填充好一个字，直到九九之后春回大地，才算大功告成。

老师：不管是“唱九”“画九”还是“写九”，都是一项科学记录天气变化的实践活动，是一项有趣的熬冬游戏。人们寄望于它，来预卜来年丰歉，是一种很有传统特色的、好看的日历。它一共有九九八十一个单位，所以才叫作“九九消寒图”。

既然古人这么重视，那么你们觉得我们怎样才能把这首诗歌读得像过节一样热闹？

生1：在这么盛大的节日，古人一定会在这个时候打鼓，我觉得大家读第一小节的时候，可以学学打鼓的声音，就像这样（有节奏地拍手拍桌，示范）。

生2：既然是天坛盛祭，天之生日，那么这个节日应该是非常隆重的，我们可以加上老师以前教我们的礼和拜的动作。在“天坛盛祭”加上礼的动作，在“天之生日”加上拜的动作，就像这样（示范）。中国素称“礼仪之邦”，礼仪是我们在生活中不可缺少的一部分。遵从“男左女右”的原则，男生左手在前，女生右手在前，这便是我们来做礼拜的动作。

生3：第二小节，“天下大治”就是国泰民安，可以这样（示范）。第三小节，“君子静之”我们可以做君子读书的样子（示范）。

生4：我觉得“数过九九，春来燕至”要读得稍微慢一些，而且还可以模仿燕子的动作（示范）。

教师：那我们就在第一句的时候打鼓，“天坛盛祭”的时候做礼拜。

全体学生一起展示。

教师：老师看到大家的表演特别激动。你的心情呢？（随机采访学生）

（四）教学《邯郸冬至夜思家》

（1）（背景音乐）是啊，正是因为古人过冬至节跟过年一样，所以才让那些远在他乡的游子每逢佳节倍思亲。贞元二十年冬至这一天，诗人白居易却游走他乡，他夜宿邯郸寺，抱膝独坐，望着忽明忽暗的烛火，他不禁感慨万千。

（2）你仿佛看到了什么？（生答）

（3）你体会到了什么？（生答）

（4）让我们带着浓浓的思乡之情，一起来诵读一遍。注意依字行腔，依意行调。手部动作。（生吟诵）

（5）师生合作吟唱。

（6）他为什么如此思念自己的家乡啊？（生答）

（7）过冬至节，不能跟家人一起吃饺子，不能跟家人聊天，不能走亲访友，不能热热闹闹地过一个冬至节，很多事情他都不能做，是不是？所以他非常忧愁，非常哀伤。让我们再次走进这首诗中，走进邯郸夜的冬至，走进诗人的内心，让我们一起吟诵一遍。（生吟诵）

（五）名家笔下的冬至美文

冬至，勾起了白居易的情思……

（六）升华主题

略。

（七）畅冬至

（1）同学们，今年的冬至就要来临了，相信我们会在家人的陪伴下度过一个幸福的冬至。此时，你一定有许许多多的话想跟父母说，让我们把自己想说的话写在便利贴上吧。（可以写你想对父母说的话，也可以描绘出你最向往的过冬至的情景。）

（2）生写，生展示，贴在黑板上。（即为板书）

小结：冬至，从二千五百年前，穿过历史的长河，向我们走来。

【布置作业】

（1）体验：有兴趣的同学可以在冬至那一天制作九九消寒图。

（2）讲述：给弟弟妹妹讲述有关冬至的传说和习俗。

“小寒”教学设计

深圳市宝安区灵芝小学 邹彩艳

表1 “小寒”教学设计

<table>
<tr><td colspan="2">设计思路</td><td colspan="2">小寒节气是二十四节气中的第二十三个节气，是冬季节气中的第五个节气。小寒节气有一个重要的特点是气温开始明显下降，逐渐寒冷，因此可以在教学活动中让学生对气温进行测量与记录，既使学生能够直观地感受到小寒节气的特点，也锻炼学生的观察能力，使课堂具有趣味性</td></tr>
<tr><td colspan="2">教学目标</td><td colspan="2">1.理解什么是小寒节气，明白小寒是二十四节气里表示气温变化的一个节气，学会观察与记录气温变化。
2.了解小寒节气相关谚语、习俗和特点</td></tr>
<tr><td colspan="2">教学重难点</td><td colspan="2">重难点：使学生对小寒节气有全面深刻的了解</td></tr>
<tr><td colspan="2">教学准备</td><td colspan="2">课件、视频等</td></tr>
<tr><td rowspan="2">课堂教学行为路线</td><td>实施路径</td><td>教师行动（搭建平台）</td><td>学生行动（关注细节）</td></tr>
<tr><td>用兴趣来导入</td><td>问题导入：小寒是什么意思呢？是不是指只有一点儿寒冷？
结合上节课所学的《九九歌》，小寒属于哪一个“九”之中？</td><td>初步理解小寒节气的意思，并结合旧知，激发学生的学习兴趣</td></tr>
</table>

续 表

<table>
<tr><td colspan="2">教学准备</td><td colspan="2">课件、视频等</td></tr>
<tr><td rowspan="2">课堂教学行为路线</td><td>在体验中表现</td><td>过渡语：俗话说“冷在三九”，隆冬“三九”就基本上处于小寒节气之内，因此有“小寒胜大寒”的讲法。小寒可不是仅有一点儿寒冷而已。从小寒开始，寒冬真正来临了。
活动一：
了解小寒节气的时间、特点、地理意义，对小寒的基本知识有大致的了解。
活动二：
展示提前记录好的气温变化表和近几年的气温图，查看从冬至开始的气温变化，发现小寒时节的温度基本上是最低的，从而发现小寒是冬季最寒冷的一个节气。
过渡语：因此，气温变化就成了这个节气最明显的特点，有此特点的还有小暑、大暑、处暑等。
活动三：
回忆：在这一天里，人们都会做些什么呢？都有些怎样的习俗呢？
农事上，北方大部分地区已没有农事活动，都要进行歇冬，主要任务是在家做好菜窖、畜舍保暖、造肥积肥等工作。
饮食上，食用暖性食物进补，如羊肉汤等。
活动四：
拓展小寒节气的物候和相关诗词、谚语</td><td>体验一：
使学生对小寒节气有一个大致科学的认识，了解这个节气的特点，为接下来的学习做铺垫。
体验二：
从实验出发，直观清晰地发现小寒节气最明显的特点，既使学生对此特点有详细的了解，也在实验过程中锻炼学生的观察动手能力。
体验三：
因为小寒节气比较不被人熟知，所以学生对小寒的习俗应该比较不了解，因此结合小寒的节气特点展示小寒时会出现的习俗，使学生对此有全面的了解。
体验四：
通过对物候、古诗、谚语等的学习全面充分地感知小寒节气的特点与美丽</td></tr>
<tr><td>以好习惯完成</td><td>能够理解什么是小寒节气，了解这个节气的来历、特点、习俗等</td><td></td></tr>
</table>

“大寒”教学设计

深圳市宝安区灵芝小学　邹彩艳

表1 “大寒”教学设计

<table>
<tr><td colspan="2">设计思路</td><td colspan="2">大寒节气是二十四节气中的最后一个节气，是冬季节气中的第六个节气。大寒节气是二十四节气里学生比较不熟悉的一个，因此在教学的过程中要侧重介绍大寒节气的含义、特点与习俗等方面的内容，这样才能使学生对这个节气有更深入的了解</td></tr>
<tr><td colspan="2">教学目标</td><td colspan="2">1.理解什么是大寒节气，了解大寒节气相关谚语、习俗和特点。
2.通过对本课的学习，再次将二十四节气展现在学生面前，使学生了解二十四节气是中国古代人民智慧的结晶</td></tr>
<tr><td colspan="2">教学重难点</td><td colspan="2">重点：使学生对大寒节气有全面的了解。
难点：感受大寒的魅力与古代人民的智慧</td></tr>
<tr><td colspan="2">教学准备</td><td colspan="2">课件、视频等</td></tr>
<tr><td rowspan="2">课堂教学行为路线</td><td>实施路径</td><td>教师行动（搭建平台）</td><td>学生行动（关注细节）</td></tr>
<tr><td>用兴趣来导入</td><td>说到“寒”，你会想到什么？
大寒，是天气寒冷到极点的意思。《授时通考·天时》引《三礼义宗》：“大寒为中者，上形于小寒，故谓之大……寒气之逆极，故谓大寒。”</td><td>从“寒”字入手，结合生活实际，初步感知大寒的节气特点</td></tr>
</table>

续 表

<table>
<tr><td colspan="2">教学准备</td><td colspan="2">课件、视频等</td></tr>
<tr><td rowspan="2">课堂教学行为路线</td><td>在体验中表现</td><td>活动一：
了解大寒的时间、特点、地理意义，对大寒的基本知识有大致的了解。
活动二：
学习大寒节气的“三候”：一候鸡乳，二候征鸟厉疾，三候水泽腹坚。其中第三候尤其能说明大寒的气温极低，此时，水域中的冰能一直冻到水中央，且又厚又结实。
过渡语：那么，在二十四节气的最后一个节气中，人们都会干些什么呢?
活动三：
了解大寒节气的习俗。
学习关于大寒节气的谚语和诗歌等，为大寒节气的学习增加趣味性，感悟古代劳动人民的智慧。
活动四：
回顾二十四个节气，使学生感受古代劳动人民的智慧与观察概括能力</td><td>体验一：
使学生对大寒节气有初步科学的认识，了解这个节气的特点，为接下来的学习做铺垫。
体验二：
通过大寒节气的一些典型特征与表现，加深对大寒节气的认识，对大寒节气有全面的了解。
体验三：
与小寒一样，学生对大寒的习俗和谚语等应该比较不了解，因此结合大寒的节气特点展示大寒时会出现的习俗和谚语。
体验四：
通过对旧知的回忆，使学生对二十四节气有全面深刻的了解</td></tr>
<tr><td>以好习惯完成</td><td>能够理解什么是大寒节气，了解这个节气的来历、特点、习俗等</td><td></td></tr>
</table>

中 篇

专研彼岸得从容

二十四节气与小学语文主题活动相融合的实践应用

深圳市宝安区灵芝小学　田　薇

要将二十四节气主题活动融入小学语文教学中，教师尤其需要注意教学内容的设计，需要符合学生的实际心理需求，充分发挥主体活动价值，有效地培养学生的语言组织能力、语言应用能力，实现语文知识的内化。

一、二十四节气与小学语文主题活动相融合的意义

在小学语文的教学过程中为有效地促进小学生语言组织能力、表达能力、审美能力以及文化素养的提升，促使学生语文综合能力的提高，有效地提高语文课堂氛围的活跃度，充分调动学生参与课堂学习的积极性，教师需要对教学方式和教学内容进行相应的改善和创新，实现教学模式的优化，根据小学生的实际心理年龄设计教学内容，满足学生对语文知识学习的实际需求，让学生进行更加深入的了解和认识，加深知识记忆。

二十四节气作为我国传统文化对一年中气候、时令、物候进行划分的非物质文化遗产，在语文的教学过程中具有十分重要的意义，是我国庞大文化体系中的一部分，具有浓厚的教育价值。二十四节气自我国古人开创一直被留传至今，具有十分悠久的历史，是古时候人们通过观察太阳在一年之中对地球产生的影响，根据黄道面划分制定的。二十四节气是人与自然对时间进行表达所采用的独特方式，将二十四节气作为主题活动应用到语文教学中，

能够有效地利用小学生的好奇心，提升其学习兴趣，促使学生对大自然的规律变化有所了解，对课本以外的知识进行延伸，开阔学生视野，在潜移默化中提升学生语文综合素质，同时，促进学生加强对我国传统文化的学习和认识。

二十四节气通过季节的变化，设定二十四个特定节令，每一个节令都被古人应用于谚语或诗词当中。在小学语文的教学过程中融入二十四节气的教授，能使学生对于一些谚语、诗词进行了解，并能使学生在阅读的过程中感受到传统文化蕴含的魅力。学生通过对二十四节气的不断了解，以及对相关诗词、谚语的阅读积累，能够有效提高写作能力，同时，古诗词往往蕴含一定的人生哲理，能够使学生树立正确的人生观。在日常的人际交往过程中，小学生因为年龄较小，在交流时词汇量积累较为匮乏，但二十四节气或其他主题活动的语文教学能够锻炼学生的表达能力，丰富其词汇量，有效提高学生自信心。

二十四节气是我国传统文化的代表文化之一，并与实际生活存在密切关系，其中蕴含着各个学科知识。二十四节气教学课程的开展是对教材外知识内容的拓展，能够让学生走出课堂，对生活中的微妙变化进行发现，实现知识结合生活、学习服务生活的教学模式，培养学生综合能力，使学生养成自主学习、懂得生活、持续发展的能力。

二、二十四节气与小学语文主题活动相融合的实践应用分析

（一）对二十四节气主题活动进行合理设计

二十四节气是我国古人对一年中季节、自然的变化进行观察和归纳所总结出来的规律，是古人智慧的结晶，其中蕴含着丰富的文化资源，具有十分重要的教学价值。二十四节气虽然只是对二十四个节气进行描述，但其中所涵盖的内容是极其复杂多样的，学生在学习了解时存在一定的难度，因此，教师在对二十四节气主题活动内容进行教学设计的过程中需要根据学生的心理需求降低难度，选择符合学生年龄特点的语言和教学方式进行内容讲解。在课前对学生进行分组，让学生自由讨论，将自身所熟悉了解的节气讲解给其他同学，实现知识的互相传递、分享，学生在沟通的过程中不仅能够有效提高自身的语言表达能力，同时能够对知识进行汲取。另外，教师在对二十四节气教学内容进行设计时，应当明确教学目的，通过个性化、系列化的主题活动教学，让学生熟知二十四节气的名称、时间以及特点。

学生在学习的过程中，结合生活中对自然环境变化的印象对每个节气进行了解，会感受到大自然的神奇，对自然科学进行总结探索，有效促进学生自主探索能力的提高，培养科学创新精神。例如，教师可以设计“清明时节雨纷纷”主题活动，告诉学生每年的清明时节大多数是下雨天气，激发学生的好奇心，让学生收集关于清明时节的诗词，以小组的模式进行讨论，要求每个小组至少说出2~3句，并且每个小组的诗词不能够重复，对于表现优秀的小组进行奖励，良性竞争能够有效促使学生积极查找资料，提升学生自主学习的能力。在诗词活动结束后，教师可以向学生提问：在清明时节我国具有哪些传统习俗？此类问题的回答对于小学生而言，专业性较高，能够有效提升学生的语言组织能力和交流能力。

（二）增强教学活动层次化，突出主旨

二十四节气是我国古人对自然环境的变化进行归纳所总结出的文化，语文二十四节气主题活动的开展，让学生沉浸在传统节气文化的氛围中，感受、认识自然变化规律，有效提升学生的人文素养。因为二十四节气主题活动所需要设计的范围比较广泛，利用一两节语文课堂难以进行充分的讲解，因此，教师需要对主题活动进行阶段性划分，遵循循序渐进的原则，切不可东一榔头，西一棒槌，否则会导致学生认知发生混乱，影响语文教学质量。例如，在开展二十四节气主题活动时，在第一堂课，教师需要对二十四节气进行全面讲解，使学生对其有基本的了解，为日后的系统教学奠定坚实的基础。之后将二十四节气分为四个部分，即春、夏、秋、冬，对于较为重要的节气多设计教学内容，如惊蛰、清明、芒种、夏至等，对于诗词描绘较少的节气设计少量教学内容，清楚认识到孰轻孰重。在所有节气讲解结束后，教师需要带领学生进行全面、系统的复习，对重点知识进行回顾，对总结、归纳的诗词再次进行阅读朗诵，加深学生记忆，提升其语文综合素质。整个主题活动不宜花费过多时间，随着时间的推移，学生的兴趣也会逐渐消退。

（三）开展实践活动加深学生认识

在二十四节气主题活动教学过程中，学生对平时并不关注的自然变化加以重视，学生的好奇心促使其对自然运行规律进行探索。教师可以利用学生这种心理，并以动手、发挥想象力和创造力的形式开展制作节气手抄报、记录节气观察日记等实践活动，让学生表达自身对节气的认识。此过程中不仅能够有效提高学生的想象力、创造力、写作能力、语言表达能力，还能够加深学生对我国传统文化的了解。二十四节气主题活动教学工作的开展不仅能够有效提高学生语文综合素质，同时也是对教师教学创新能力的考查，创新性教学活动能够有效打破传统的教学观念，在教学模式、教学内容上做出转变，进而提升教师的综合素质。另外，学生在实际生活中，对玩具之类的事物更加感兴趣，难以发现二十四节气自然发生的变化，此时教师需要将自然场景布置到班级内，让学生对二十四节气的场景进行表演。例如，惊蛰，虫子逐渐苏醒，纷纷来到地表上活动，学生可以动手设计道具进行表演，并让其他同学猜测所表演的节气。

三、总结

要实现二十四节气主题活动与小学语文教学的有效结合，教师需要对教学内容进行合理设计，遵循循序渐进的原则，让学生逐渐深入了解，并做好复习工作，同时加入游戏模式进一步促使学生投入课堂学习，进而有效提高学生语文素养。

参考文献

[1] 苏嫚嫚.二十四节气与小学语文主题活动的融合[J].小学时代，2019（10）：20–21.

[2] 丁芳.开发二十四节气资源，开展小学语文综合性学习[J].小学教学研究，2018（9）：52–54.

[3] 耿聪慧.二十四节气与小学语文主题活动相融合的实践分析[J].学周刊，2019（24）：114.

节气文化在小学语文教学中的探索与实践

深圳市宝安区灵芝小学　叶小美

二十四节气是古代人结合气候变化总结得出的一年内季节温度的基本变化特征，有利于农业生产和发展，进一步补充了历法，是劳动人民智慧的结晶。二十四节气融入了多种知识，如天文学知识、气象经验、人文主义思想等，是古代人根据以往经验总结出的天、地、人、物关系知识。因此，二十四节气文化一直是我国优秀传统文化的一个重要部分，融合了千百年来的传统民族习俗和文化思想，是人们智慧的结晶。传承二十四节气文化，有助于小学生理解我国古代流传下来的习俗礼仪，理解各种季节的变化规律，也是继承中华优秀传统文化的本质要求。

一、节气文化在小学语文教学中的实践意义

语文是人文科学的重要科目，不仅能够促进优秀文化的发展，在强化个人精神生活上发挥的作用也无可比拟。

在传统生活习俗方面，二十四节气文化会成为语文教学内容的传播载体，让学生通过研究二十四节气来理解中华文化中的万物，可以使他们对传统习俗的理解和文化经验得到加强，继承和发扬优良传统文化。中国的节气文化有着独特的含义和活动形式。例如，在语文教学过程中，可以组织春分竖蛋、芒种采杨梅、大暑食莲子、冬至包饺子等主题活动。通过这种方式，学生可以增强仪式感，感受到传统文化的魅力。

小学语文是我国教育体系中的一门重要人文学科，与传统文化有着密切联系，为普及二十四节气文化打下了良好基础。而且小学语文课堂中设有阅读课，教师在阅读课上推荐有关书籍、文本资料后，学生通过自由阅读能更快地掌握与节气相关的知识。例如，在教低年级孩子初步认识白露时，可以共读绘本《白露：候鸟飞》；在教高年级学生关于寒食节和清明节的知识时，可以推荐介子推、晋文公等与节气有关的历史典故等。所以，将节气文化与小学语文相结合，可以打破以往语文课堂的简单教学模式，构建多元化的教学体系，提高学生对语文学习的兴趣，激发学生的学习探究能力，全面培养学生语文综合实践能力。

在教育价值方面，学生的好奇心会通过节气文化所包含的植物、动物、气候、天文以及人类社会不断变化的习俗等知识，感受自然气象的独特性，接触到古人自由的灵魂和智慧，积累成长经验。通过语文课堂上实践体验和活动最大化的统一，学生的知识、情感、意识和行动会得到进一步提升，这就充分发挥小学语文教学的教育价值。

二、节气文化在小学语文教学中的实践目标与内容

（一）节气文化教学目标

从培养学生核心素养的角度出发，以节气文化学习活动为基础的小学语文特色课程的教学目标可以从以下几个方面考虑：加深学生对节气气候、民俗的理解，通过学习二十四个节气文化使学生加深对自然气候变化的了解，学习感受自然之美，提高学生在科学精神方面的审美能力；培养学生对科学知识的感知能力、综合观察能力和思考能力；激发学生的学习积极性和热情，使学生树立主动探究的意识，最终养成良好的学习习惯。

（二）节气文化教学内容

为了保证内容的难易程度与学生的能力水平相互适应，有必要对节气文化进行简化。通过讲述故事的手法指导教学，每个节气都有相应的起源故事、古诗词、传统习俗等，但是内容较为繁杂，难以理解。所以，要唤起学生对学习的兴趣，就要引导学生在生活中多去观察、感悟，多向长辈了解信息，多去查找资料等，让学生在整个活动中亲身体验，自己总结发现节气的秘密，并鼓励学生对故事进行现代化改编、创编，用他们能理解的语句

讲述知识。

三、小学语文教学中节气文化教学的方法探索与实践

二十四节气文化的学习应该注重与小学语文科目内容的结合，通过不断丰富和发展教学的方法来吸引学生进行节气文化的学习。秉持“理性兼感性，理论结合实践”的理念，本文总结出以下方法。

（一）突出活动主旨，实现高效教学

由于二十四节气中多数知识较为复杂，教师就要结合实际教学现状以及学生学习情况，对教学内容进行简化，以问题为导向，利用通俗易懂的语言知识及相关知识点帮助学生理解。例如，教学白露时，教师先向学生提问：“你们认为白露是什么颜色呢？”结合学生的回答，教师展开讲述白露的含义、特征和习俗，或者是使用多媒体等设备来激发学生的学习热情。首先呈现“白”字和“露”字的字体演变过程和字义，让学生猜一猜白露是什么意思，再用多媒体动态呈现白露时节草从一天的变化，让学生更直观地发现白露的形成，从而实现高效教学。

（二）突出主观能动性，锻炼探索能力

教师要鼓励学生自己搜集、整理资料，能正确、科学地看待节气的特征和习俗习惯。学生在这个过程中，不仅提高了自主学习能力，还在潜移默化中锻炼了知识探究思维，强化了科学素养，提高了语文综合实践能力。例如，在教学谷雨节气时，引导学生小组合作搜集、整理谷雨的习俗。学生最后呈现的效果远远超过教学预期，他们在课堂上的展示各有千秋：讲故事演绎谷雨亲蚕近、PPT分享谷雨花、现场制作谷雨茶等，活动的好评更说明了学生在这样的学习活动中对谷雨有了更深刻的认识，也为学生敢于创编谚语、诗歌、习俗故事打下基础。实践证明，孩子们在搜集、观察、探索的过程中一定会有更多的发现，而他们的表现过程都可作为其认识节气的依据。

（三）组织多样化活动，提升学习能力

1. 听着故事忆节气

每个节气都有自己的习俗，即约定俗成。这些活动以故事的形式流传下来，所以适当

地用讲故事的方式进行教学，有助于营造轻松舒适的学习环境，让学生更容易理解和学习节气文化。例如，春天一到，长江南部的风就往上吹，因此清明节期间适合放风筝，但是根据《岭南风物记》的记录，岭南一带霜降或重阳节之后才可以放风筝，春天反而不能，学生就可以快速了解岭南地区适合放风筝的季节和原因。

2. 跟着名作识节气

诗句、谚语、画作是节气活动、习俗传播的载体。教师可以让学生自己整理节气文化中谚语、古诗、画作所描绘出的现象、特点和习俗，再比较现代生活，及时做好记录和感悟。例如，北宋画家张择端的《清明上河图》生动描绘了汴京人们清明扫墓、踏青归来时的热闹场景；翁卷的《乡村四月》中“人间四月闲人少，才了蚕桑又插田”描绘的是小满前后人们忙碌的美好生活场景；民谚“一场秋风一场凉，一场白露一场霜”讲述的是白露的气候特征等。通过名作来初步认识节气，再对比我们当下的生活特点和习惯，学生对节气就会有更深刻的体验和感知了。

3. 随着读写记节气

读写是基本的学习活动、认知活动。教师根据节气文化教学的过程，鼓励学生朗读与节气有关的诗词、农谚等，激发学生主动学习的意识，使其按照自己的理解革新、发挥才能，根据节气的特点写作相关的诗歌、散文、谚语等，借助推陈出新的方式，推动中华优秀文化的繁荣。例如，学生读完与小满有关的诗歌、农谚后，课后自发组织创编了快板农谚：“小满小满，麦粒渐满。麦到小满日夜黄。大麦上场小麦黄，豌豆在地泪汪汪……”

四、结论

二十四节气是我国古代人民智慧的结晶，是中国优秀传统文化的重要组成部分。它不仅能够指导农业活动的开展，同时，还能够让人们了解气候的变化和循环。语文是学生生涯中的一门重要课程，其能够扩展到人文底蕴、博大的艺术境界，借助丰富的知识内涵、悠久的文化精髓感染学生。教育和学习二十四节气文化，让学生真切地感受到自然的本质和生活的意义，为了将来的求学深造、社会实践打下坚实的基础。

参考文献

[1] 苏嫚嫚.探讨二十四节气与小学语文教学的结合[J].新课程(中),2018(6).

[2] 周一贯.统编教材中的节气文化教学[J].小学语文教学,2018(13).

[3] 王芳超.现代化教学手段让小学语文课堂活泼灵动起来[J].读与写(教育教学刊),2016(11).

[4] 赵婷.浅谈二十四节气与小学语文教学的结合——感受中国诗歌的抒情艺术[J].课外语文,2019(1):33-34.

[5] 钟小敏.二十四节气传统文化融入小学语文课堂的思考与实践[J].中华辞赋,2019(2):64-65.

[6] 耿聪慧.二十四节气与小学语文主题活动相融合的实践分析[J].学周刊,2019(24).

[7] 丁芳.开发二十四节气资源,开展小学语文综合性学习——小学高年级二十四节气语文综合性学习初探[J].小学教学研究(学生版),2018(9):52-54.

用绘本告诉孩子，这就是二十四节气

深圳市宝安区灵芝小学　庄丽华

二十四节气是我国古代的一项伟大的创造发明，是中国传统文化的载体，体现了中国人传统的大自然观。节气是人与自然经过长时间的交往总结出的科学规律，用于指导人们的农事活动。经过千百年来的发展，二十四节气已成为人们生活的一部分，人们以其独特的行为方式传承和延续着节气文化，形成了中华民族独特的民俗文化现象。二十四节气于2011年6月入选第三批国家级非物质文化遗产名录。

二十四节气是我国宝贵的传统文化，如何让宝贵的传统文化真正融入我们的生活中，如何让孩子们对自然节气生活真正感兴趣，这是值得教育者去思考的课题。近年来，越来越多的出版社重视对传统文化的传承与发扬，我发现市面上有各式各样的二十四节气绘本。通过查阅对比，我把一些值得推荐的二十四节气绘本介绍给大家。

一、《二十四节气旅行绘本》

（一）绘本介绍

《二十四节气旅行绘本》是由著名儿童文学奖获得者保冬妮创作的图画书。这本绘本以二十四节气为时间线，在贝儿一家人的旅行故事中，展现中国二十四个城市和乡村的风土人情、美食美景。

（二）推荐理由

1. 故事性强。这本绘本一改科普绘本缺少趣味性的弊端，以讲故事的方式让孩子感受二十四节气的文化，让低幼龄儿童也感觉到有趣。

2. 画面美。浓浓的中国风，淡雅的水墨画，色彩明丽，让人感到舒服。美食、美景，让大人和小孩都沉浸其中。

3. 内涵丰富。时令饮食、农耕文化、特色民俗、传说和历史故事、名胜古迹、风土人情都涵盖其中，这本绘本带读者走遍祖国大好河山，拥抱广袤自然，领略舌尖上的中国、足尖上的节气，从书本阅读走入烟火生活。

二、《这就是二十四节气》

（一）绘本介绍

《这就是二十四节气》是一套偏科普类的自然节气绘本，集传统文化和自然科学教育于一身。书中以小女孩牙牙在乡下爷爷奶奶家的经历为主线，拓展延伸了不同的知识板块，如节气的由来、农事活动、天文气候、民俗节日等。还配有《我们这样学习节气》指导手册，不仅激发了孩子探索自然的兴趣，更提供了探索自然的指导方法。

（二）推荐理由

1. 获奖无数。《这就是二十四节气》是文津图书奖获奖图书，也是2016年度畅销好书。总销量过百万，读者留言好评20万条。

2. 专业性与趣味性兼具。绘本由中国科学院地理资源研究所研究人员策划编撰，编排清晰简明，帮助孩子轻松读懂节气；用童真的语言、有趣的故事描绘节气流转之美，非常有趣，深受孩子们的喜欢。

3. 画风清新。清新自然的画风，孩子读起来特别喜欢。绘本用精美的图画呈现出城市里的孩子不常见到的农村生活劳动场景，唤起孩子心中至真至美的感受。

除了以上两套节气知识比较系统全面的二十四节气绘本，市面上还有一些与不同主题融合的二十四节气绘本，如《故宫里的二十四节气》《诗歌里的二十四节气》《四季的韵脚·中华二十四节气儿童诗》《二十四节气：给孩子的节令健康绘本》等。这些绘本有的把节气文化跟故宫文化结合，有的把节气文化和诗文化结合，有的把节气文化和健康知识结合在一起，这类内涵丰富的绘本，让孩子们在阅读中有更多不一样的收获。

《故宫里的二十四节气》将故宫百科知识和二十四节气有益融合，让孩子随着时光的流转，感受故宫的四季变换，了解宫廷人物生活及古代人民在各节气的传统习俗。对于孩子们来说，阅读这套书之后，它更像是一堂生动、震撼和宝贵的中华传统文化启蒙课。这套“宝藏书”，以立体形式呈现故宫的四季之美，画风细腻萌趣，让大人、小孩都爱不释手。

《诗歌里的二十四节气》和《四季的韵脚 · 中华二十四节气儿童诗》都是将诗与节气文化相结合，前者是与古诗的结合，后者是与儿童诗结合。《诗歌里的二十四节气》多了一份纯粹诗意美，《四季的韵脚 · 中华二十四节气儿童诗》将二十四节气、永丰农民画和现代儿童诗结合，是一本风格质朴清新的原创诗画集。

《二十四节气：给孩子的节令健康绘本》除了有二十四节气的知识介绍，更注重饮食习惯的介绍，还有详细的种菜教程。这套书更注重观察、体验，适合家长带着孩子一起阅读。

值得欣喜的是，在查阅各种资料的过程中我发现市面上的确多了很多有关二十四节气的绘本。这说明越来越多的人重视对中华传统文化的传承和发扬。二十四节气是老祖宗留下的智慧，是人类生活经验的总结与提炼，影响着人们的衣食住行和文化观念。希望更多的孩子能从这些精彩的绘本中感受二十四节气文化，领略节气之美，感悟生活之美。

巧用节气古诗词培养学生语文思维

深圳市宝安区灵芝小学　熊艳丽

什么是语文思维？简单来说，语文思维是指学生在语文学习活动中表现出来的具有比较稳定的心理、意识倾向的某种能力。它主要包含这几种思维：形象性思维、发散性思维、聚合性思维、情感性思维、概括性思维和比较性思维。节气诗歌是中华民族二十四节气文化的一种诗意呈现，它凝聚了千百年来人们对大自然的感悟，也融入了不同节气里诗人们的独特感受和内心情感。节气诗歌既能让我们感受不同的时节之美，也能让我们巧妙借助它培养学生的语文思维。

一、春之节气，培养形象性思维

春天，又称春季，是四季中的第一个季节，指立春至立夏期间。春之节气有立春、雨水、惊蛰、春分、清明、谷雨。春天是万物复苏的季节。关于春天节气的古诗词有很多，如唐代诗人张志和写的《渔歌子》：“西塞山前白鹭飞，桃花流水鳜鱼肥。青箬笠，绿蓑衣，斜风细雨不须归。”我在教学生学习这首词时，会不断引导学生培养形象性思维，让学生大胆发挥想象，想象这首词呈现出来的美丽画面。当我带着学生品读词句时，当学生借助词句疏通词意后，我顺势会问：“如果你是张志和，当你伫立在西塞山前时，你的脑海中会浮现出一幅怎样的画面？”鼓励学生们大胆想象，想象在诗词中看得见的，也可以想象看不见的。学生在我的启发下，形象性思维的大门慢慢被打开了。

生：当我看到“西塞山前白鹭飞，桃花流水鳜鱼肥”时，我的脑海中会浮现出这样的画面，在连绵起伏的西塞山前，几只白鹭在天空中自由自在地飞翔。江畔有几棵桃树，朵朵粉色的桃花绽放，一阵微风吹来，花瓣轻轻飘落水中，引来了几只肥美的鳜鱼，它们一会儿游上来碰触着花瓣，一会儿又沉入水中，好像在不停嬉戏着。

生：当我看到“青箬笠，绿蓑衣，斜风细雨不须归”时，我的眼前仿佛看到了诗人张志和戴着青色的箬笠，穿着绿色的蓑衣，正在江边悠然自得地垂钓。不知何时，斜吹的清风中飘落下几丝细雨，可诗人还在继续钓着鱼，完全没有想要离去的念头。

通过这首充满春天勃勃生机又富有闲情雅致的诗词，引导学生大胆发挥想象，读诗成画，能够很好地发挥学生的想象力，也能很好地培养其形象性思维。

二、夏之节气，培养发散性思维

夏天，代表着热情，代表着对美好生活的向往。古诗词中往往有许多对夏日景物、夏日情感的精彩描述。夏天的节气分别有立夏、小满、芒种、夏至、小暑以及大暑。宋代诗人翁卷曾写过一首关于立夏的古诗《乡村四月》：“绿遍山原白满川，子规声里雨如烟。乡村四月闲人少，才了蚕桑又插田。”在品读“子规声里雨如烟”的“雨如烟”时，我问学生：“此时的雨像烟雾一般细小轻盈，这是立夏时的蒙蒙细雨。其实，在我们的古诗词中还有许多描写雨的诗句，你能想起哪些呢？”

生：我想起杜甫在《春夜喜雨》中的诗句，“随风潜入夜，润物细无声”。

生：我想起苏轼在《六月二十七日望湖楼醉书》中写的那场暴雨，“黑云翻墨未遮山，白雨跳珠乱入船”。

生：我还想到唐代诗人李商隐在《夜雨寄北》中的那场夜雨，“君问归期未有期，巴山夜雨涨秋池”。

生：老师，我还想到了宋代诗人范成大的《寒雨》，“何事冬来雨打窗，夜声滴滴晓声淙”。

一“雨”激起千层浪，学生的发散性思维被“雨”这一意象激活了。我又巧妙拓展：“同学们，古诗词中描写雨的诗句有很多，其实描写草和子规的诗句也是非常多的，大家有兴趣可以课外去搜集，把它们摘抄在你的语文积累本上。”这一教学环节的设置能很好地培养学生的发散性思维。

三、秋之节气，培养比较性思维

热与凉的分水岭在秋季，并不是在春夏之交。秋天的气候分为两个阶段，初秋闷热，仲秋后趋向干燥和凉爽，总的来说，进入秋季后，太阳高度渐低，温度降低，秋风送爽，炎暑顿消，硕果满枝，田野金黄。秋天的节气有立秋、处暑、白露、秋分、寒露、霜降这六个。唐代诗人白居易写过一首描写白露时节的古诗《暮江吟》：一道残阳铺水中，半江瑟瑟半江红。可怜九月初三夜，露似真珠月似弓。这首诗中最经典的一句描写月夜之景，把白露时节的秋夜美景生动而形象地描绘出来了。当带着学生品读到这一句诗时，我顺势启发学生：“同学们，在我们的古诗词中还有哪些描写秋天的诗句呢？尝试着比较一下，你发现他们各自抒发了怎样不同的感情呢？”

生：老师，我想起了杜甫《登高》中的“万里悲秋常作客，百年多病独登台”，通过这句诗我体会到作者的内心有些忧愁，或许是一种忧国忧民的感情吧。

生：我还记得苏轼写过的“山下兰芽短浸溪，松间沙路净无泥，潇潇暮雨子规啼”。我从这句词中感受到苏轼虽然年龄大了，可是当时的心情是轻松愉悦的。

生：老师，我记得唐代诗人刘禹锡写过的《秋词》。“自古逢秋悲寂寥，我言秋日胜春朝。晴空一鹤排云上，便引诗情到碧霄。”我从这首词中读不出一丝悲秋之情，反而感受到了诗人内心的洒脱豁达……

我借助《暮江吟》这首描写白露时节的诗歌，引导学生去拓展关于秋天的古诗词，再引导学生对不同的秋天诗句进行比较，比较它们蕴含的不同情感，比较它们描写的不同意象，在同一意象的诗词中做比较，慢慢培养学生的比较性思维。

四、冬之节气，培养情感性思维

传统是以二十四节气的立冬作为冬天的开始，立冬意味着风雨、湿度、光照、气温等处于转折点上，开始从秋季向冬季气候过渡。冬天，即“终也，万物收藏也，立冬后万物开始闭藏”。冬天共有立冬、小雪、大雪、冬至、小寒、大寒这六个节气。我在引导学生学习唐代诗人柳宗元的《江雪》时，有意引导学生先去体会这首诗描绘了一个怎样的冬天，猜它可能是冬天的哪个节气并说说自己的理由。

生：老师，我认为应该是大寒，因为我从“千山鸟飞绝，万径人踪灭”中体会到这句诗中的冬天应该是严冬时节，那就可能是大寒了，那个节气，天气特别冷，温度特别低，因为下了很大很厚的雪，鸟也不敢飞了，人也不敢出门了，天气实在是太冷了！

生：老师，我从“绝”“灭”“千”“万”这四个字中，体会到这么寒冷的冬天里，万籁俱寂，没有任何鸟和人的踪迹了。

这个时候我会继续巧妙引导学生抓住“孤”“独”“寒”三个字去体会作者在诗歌中蕴含的感情。

生：老师，我从“孤”和“独”中体会到作者当时有点孤独寂寞，但是我不知道他为什么会感到孤独寂寞，应该不仅仅是因为冬天万籁俱寂吧，肯定有别的原因。（此时，我会顺势插入柳宗元写此诗时的背景资料，让学生结合背景资料再来理解。）

生：原来这首诗写于作者被贬官流放外地之时，他的内心非常愁闷，这首诗流露出了作者对远离世俗喧嚣，回归宁静淳朴生活的向往之情。

通过对《江雪》这首诗中关键词句的品读感悟，学生的情感性思维渐渐形成了。

中国是一个诗歌的国度。中国的节气文化更是博大精神。我们在帮助学生学习节气古诗词时，既渗透一些古人传承下来的节气知识和生活智慧，又巧妙借助古诗词培养学生的语文思维，真可谓一举两得。

我的汉字教学之旅

深圳市宝安区灵芝小学　陈　敏

党的十八大以来，围绕传承和弘扬中华优秀传统文化，语文课程改革正在如火如荼地进行。《义务教育语文课程标准（2011年版）》明确提出："语文课程对继承和弘扬中华民族优秀文化传统和革命传统，增强民族文化认同感，增强民族凝聚力和创造力，具有不可替代的优势。"中华传统文化的范围广泛，文字、语言、书法、音乐、武术、曲艺、棋类、节日、民俗等都属于传统文化的范畴。作为一名一线语文教师，学校国学工作室的成员，如何担当时代使命，切准中华传统文化之命脉，在日常教学之中渗透中华文化、彰显语文魅力呢？这一直是我深思的问题。

素有历史文化"化石"之称的汉字，是世界上仅存的并仍在使用的表意文字，它古老而优美。其形体演变经过了甲骨文、金文、篆书、隶书、楷书等许多阶段，但它始终保留着丰富的文化内涵，其结构及笔画都蕴藏着大量的文化信息，能反映过去，直观现在，汉字库几乎就是历史信息的储存库。它的智能也富有表达力，它帮助人类传递信息、发展思维、繁荣文化、演进文明，它不仅记载了中华民族几千年的历史，而且以其独特的形式，体现了汉民族认识事物的特定思维方式和审美习惯。汉字不仅仅是文字，更是文化！

我想，万丈高楼平地起，就从汉字入手，有些汉字适合渗透字理，可以引导学生了解字的演变过程，以帮助学生更深刻地理解汉字。部编版一年级下册语文教材第15课《文具的家》，要求学生掌握“斤”字部，认识“新、所”等字。“斤”的甲骨文字形 。上面是横刃，下为曲柄，象斧斤形。“斤”本义：斧子一类的工具。为了让学生更深刻地理解“斤”字部，课堂上，我用PPT出示“斤”和“新”的甲骨文、金文、小篆、楷体的演变过程。

讲到这里时，急性子的铄城脱口而出：“老师，你等一下，不要放下一张PPT好吗？我想把‘刀’和‘新’的甲骨文画下来。”

“国学故事大王”欣予说：“我也要画下来，还要回去给我妈妈看看，跟她讲讲，她应该不知道。”

文铄眨巴着大眼睛说：“我喜欢金文，我要把金文画下来。”

我还引导孩子们拓展了含有“斤”字旁的字：听、近、断、析、折、斩、斧……小杨同学特别可爱，一边说出“断”字，一边比画砍断的动作。按照惯例，孩子们要动笔写下三个自己喜欢的字，生字栏中已有的“新”和“所”除外。

文铄又举手了：“老师，我能不能不写黑板上的，我想写一个这里没有的。”

我问：“你想写哪一个字？”

文铄又眨巴着大眼睛：“我想写梦欣的‘欣’。”

我很开心：“当然可以，你刚才怎么不说呢？”

泽华马上帮忙解释：“老师，他刚才举手了，你没看到，他只好放下了。”

我很不好意思，马上补写在黑板上：“对不起，文铄！”

文铄淡淡地一笑，马上动笔开始写。

欣予也很开心地说：“也是我的‘欣’。”

这节课的精彩生成是我备课时没有预料到的，这也是语文课堂教学的魅力所在。对于汉字教学，教师只需播种下一颗小小的种子，让孩子们自己去精心培育，让它生根、发芽……

就义务教育阶段而言，正确、端正、有一定速度地写字不仅可以巩固识字，也可以帮助学生更好地完成各科作业，提高文化素养，陶冶情操，形成审美意识，为传承祖国文化打下坚实的基础。在写字教学方面，我坚持走自己的路，一直在不断探索、不断实践、不断反思、不断改进。我的写字教学过程，经历了以下三部曲。

一、摸着石头过河——板书示范，字帖法宝

毕业后的前五年，我在老家工作，教了两年八年级语文和三年中学语文。新手上路，我当时知道写字教学很重要，但不知道该怎么做。“学高为师，身正为范。”这是我的母校益阳师范的校训。我想：要教学生写好字，教师首先要做好榜样。于是，备课时，我会精心设计每一课时的板书，上课时坚持用规范、美观的板书为学生进行示范，这一习惯一直保留着。光看不练肯定是不行的，我和孩子们就想到了字帖这一“法宝”，我让学生买一本自己喜欢的字帖每天描一页。我说：“喜欢大气一点儿的字，你就买庞中华的字帖，喜欢清秀一些的，就选择司马彦的。”就这样，摸着石头过河，孩子们认认真真地练，效果也不错。

二、赶鸭子上架—— 一笔一画，从头开始

真正意义上的写字教学应该从我教低年级语文算起。2005年暑假，我来到深圳工作，当时被学校安排教二年级语文，我都快急哭了。到底该怎么教二年级的小孩儿写字呀？我心里一点儿底都没有。于是，我向有经验的教师请教，主动去听课学习，并找一年级的教师借来了教学用书和课本，把《汉字常用偏旁名称表》和《汉字笔画名称表》工工整整地抄在自己的笔记本上。那是一所民办学校，教学楼很新、很美，但教学设备简陋。为了上课时能书写示范，每次教学生写字时，我都要在课前用长长的尺子和红粉笔画上两行田字格。为了提醒孩子们保持正确的姿势，我借助了小口令：“头正、身直、脚放平，一尺、一拳、一寸。”为了提高孩子们对写字的兴趣，我注重及时评价与反馈。课堂上我让孩子们相互评价同学的字，写得好的夸一夸，写得不好的教一教。批改写字时，我把写得好的字圈出来，把书写工整、规范的学生名字记录下来，及时表扬。作业一发下来，孩子们就兴致勃勃地谈论，谁的字写得好，谁得的红圈圈最多。对于书写出现错误的孩子，我会把他的名字也记下来，个别指导改正。

三、大胆往前走——专家指点，名师引路

2006年9月，我进入宝城小学工作，有了较多的外出听课和学习的机会。学校经常请赵志祥、唐宝成老师来指导教学。赵老师非常重视写字教学指导，唐老师注重汉字文化的渗透，我从中受益匪浅。

在这期间，发生了一个有趣的故事。2007年，我教一年级（5）班，我班有个叫嘉城的孩子。这个大眼睛男孩比较调皮，很活跃，平时上课是坐不住的。但是，我每次指导写字时，他都把眼睛瞪得大大的，练字时非常认真，写的字结构匀称、刚劲有力。开学两个月后，宝安区举行小学生现场书法比赛。一般这种情况，不会派一年级的新生参加，但我和我们的年级组长都推荐他参加。对于区级比赛，学校很重视，请美术老师组织学生集训，进行书法格式等的指导。那一次，我是书法比赛的监考老师。比赛结束，刚走出考场，嘉城那个考场的监考老师笑呵呵地告诉我："你们班那个孩子真的很搞笑。在写指导老师的名字时，学校要求写美术老师的名字，他一定要写你的名字，我叫他改过来，他当时改了，后来交卷前我检查时，发现他又把指导老师改成你。最后，我看着他改，他才改过来。"我当时也被逗乐了，原来，在孩子的心目中，一年级的语文老师这么重要。原来，你平时付出了、用心了，孩子都记在了心里。

课改十年，随着新课标的出现，加强写字教学的呼声越来越高。2012年9月《小学语文教学会刊》刊登了中国教育学会小学语文教学专业委员会理事长崔峦先生的《落实新课标，变"四个不足"为"四个加强"》一文。其中一个不足就是"对识字、写字、学词重要性的认识及落实措施有所不足"。第二个加强就是"进一步加强识字、写字、学词的教学"。2012年12月21日，崔峦老师在深圳名思教研的现场报告中提出了著名的"四加一"主张。第二个主张就是"夯实识字、写字教学"。他明确指出："基础不牢，地动山摇。"低、中、高年级每天的语文课应拿出10分钟，天天练字。在《小学语文教师》中，崔老在《深化小学语文教学改革之我见》中提到了"四个必须"，第一就是识字、写字教学必须加强。

2014年6月17日，浙江大学请庞光辉老师给我们参与研修的学员做讲座。她勉励我们："要做一个有理念、有信仰的老师。"她研究了专门的写字教学法，并提出课堂写字要练

40分钟，一气呵成，中间不要换笔。听了庞老师的讲座，我才真正明白了什么叫"专业"。低年级语文教师做好看似简单的三件事：读好文、识好字、写好字，就是不简单。来深圳15年，无论教哪个学段，我都会把每节课要求会写的字用上一节课的时间来指导，坚持每个字都在黑板上的田字格中范写，让学生练习。一方面，是想让学生真正把字写好；另一方面，也是明显感受到了绝大部分孩子身上的浮躁，想让他们静下心来练书法，修身养性。在这15年的坚持中，我得到了学生、家长和不少同事的认可。听了庞老师的讲座后，我明确了自己选择的路是正确的，要做一名有信仰的教师，大胆往前走，坚持这样走下去。

我的汉字教学之旅还将继续。困惑是我的诚实，寻找是我的勇敢。把想法变成行动，把行动变成果实！

当小学生遇到二十四节气

——二十四节气的学习如何融入小学阶段教学

深圳市宝安区灵芝小学　邹彩艳

二十四节气是什么？二十四节气是上古农耕文明的一种产物，而在农耕文明中，农业生产是一个重要组成部分，农耕生产与大自然的节律息息相关。二十四节气指根据太阳在黄道上的位置，将全年分为二十四个时段，即立春、雨水、惊蛰、春分、清明、谷雨，立夏、小满、芒种、夏至、小暑、大暑，立秋、处暑、白露、秋分、寒露、霜降，立冬、小雪、大雪、冬至、小寒、大寒，合称二十四节气。人们根据二十四节气中表明的气候变化规律和相对应的农事季节，指导农业生产，一代又一代的劳动人民对二十四节气进行调整与总结，希望能够不误时节，年年丰收。因此，二十四节气是我国优秀传统文化中不可或缺的一部分，展现了古代劳动人民的智慧与几千年农业文明的沉淀与总结。

但令人遗憾的是，有许多人已经不能将完整的二十四节气说出来，甚至不知道二十四节气是什么。所以，对于二十四节气的学习与了解是十分必要的，特别是对于小学生来说，在小学阶段里，优秀的传统文化是他们必须要学习的一部分，如课内的古诗词、古文、寓言故事等。而二十四节气的学习将为他们打开另一扇大门，使他们对传统文化有更全面和深入的了解，有助于孩子们从小培养广阔的文化视野与人文素质，增强他们的自信心、自豪感和凝聚力。

那么怎样才能更好地将二十四节气的学习融入小学阶段的教学呢？这里存在几个困难点。第一，二十四节气从最开始和最根本上来说，是古代劳动人民用于耕种时的一种农事规律。由于当时农业生产是人们最重要的事情，占据人们活动的很大一部分，无论老人还是小孩都对农业耕作比较熟悉，所以二十四节气能一代又一代地传下去。但对于现代的人来说，随着时代的发展，农业已经不是大部分成年人的工作内容了，更不用说小学生了。他们对于农业生产是比较陌生的，对于什么时候播种、什么时候收获都只有一个比较模糊的概念，所以在对二十四节气知识的接受上会比较困难。第二，农耕时代的劳动人民主要是“靠天吃饭”，对于气候与环境依赖性大，因此人们会认真观察气候与环境的变化，通过一些有代表性的变化和总结的经验就能得知接下来应该要进行的农事活动。但对于现在的小学生来说，预知天气的方式多种多样，而孩子们对周围环境的好奇与观察也较少，对于气候与环境并不敏感。因此在二十四节气的学习中培养学生的观察意识很重要，学生只有通过自己的观察发现了周围环境的细微变化，才能在二十四节气的学习中找到乐趣。第三，是关于地域性学习的困难。南方地区四季的变化并不明显，许多有代表性的规律在南方无法体现，因此在二十四节气的学习过程中可能会存在部分学生无法理解与感受的内容。

怎么样才能更好地突破这些难点，使二十四节气的学习更贴合学情呢？我认为可以通过以下这几个方面进行尝试。

一、注重教学的时效性

二十四节气的学习与其他知识的学习有所不同，二十四节气是有时效性的一项传统文化，到了相应的时间会有相应的变化，因此在教学时间的选择上应该在节气即将来临前进行对应节气的教学，注重节气的时效性。

例如，二十四节气中春季的最后一个节气是谷雨，谷雨是“雨生百谷”的意思，在这个节气里最明显的特点就是降水会明显增加。在古代的农业生产中，此时田中的秧苗初插、作物新种，最需要雨水的滋润，正所谓“春雨贵如油”，说的就是这个意思。当降雨量充足而及时的时候，谷类作物就能茁壮成长。而在我国南方地区，谷雨时节往往开始明显多雨，特别是华南地区，一旦冷空气与暖湿空气交汇，往往形成较长时间的降雨天气。我们在对谷雨这个节气进行教学时，选择在这个节气到来之前讲授给学生这部分知识，使学生对于这部分知识有个详细的了解，到了降水密集的谷雨时节，学生就能够看到明显的气候变化，就能加深对这个节气的了解与认识，从而激发学习二十四节气的热情。

另外，我们还可以看看小暑这个节气。这也是一个有比较明显的天气现象的节气，我们在进行教学时，也需要注重时效性，在这个节气的学习中重点学习此时会出现雷暴的天气现象，使学生能够更好地感知天气变化，提前做到心中有数。

二、培养学生养成观察与记录的习惯

在二十四节气中，气候与环境的变化不是一天之内就形成的，而是通过长时间的缓慢变化而展现在我们面前的，要更好地发现其中的细微变化，观察和记录的习惯就显得尤为重要。而观察与记录也能使学生从一点一滴中发现与感知变化，体会学习二十四节气的乐趣。

观察与记录也与我们的课内知识挂钩。在小学阶段，三年级和四年级的单元学习中都出现了观察与记录的学习目标，如部编版三年级下册语文教材第四单元中就出现了“观察事物的变化，把实验过程写清楚”的学习目标，而部编版四年级上册语文教材第三单元中也出现了“体会文章准确生动的表达，感受作者连续细致的观察”的学习目标。这说明在小学阶段，观察、记录与表达是一个十分重要的能力，而二十四节气的学习正好能很好地锻炼学生的观察、记录与表达的能力。

例如，二十四节气中夏季第四个节气夏至的学习，“至”是极的意思，这个时期大部分地区气温较高，日照充足，对农业产量影响极大。夏至一个最大的特点就是这一天是白天最长的一天。针对这个特点，我们可以设计一个教学活动，连续记录一段时间的日出时间与日落时间，从中发现日出与日落时间的规律，以此来检验夏至这天是否是白天最长的一天。另外，在春分和夏至这两天夜里的同一时间观察星空，会发现北斗七星斗柄的指向刚好旋转了90度。以黄河流域晚上10点左右所见为例，春分斗柄指向正东，夏至则指向正南。

再如冬至，这是正好与夏至相反的一个节气，在这一天里，北半球白天最短，夜晚最长。而这个特殊的现象，也可通过观察与记录的方式得出，从而使学生发现这一天正好与夏至相反。冬至节气，意味着开始进入寒天。时至冬至，民间便开始“数九”计算寒天了，数九是中国民间一种计算寒暖日期的方法。民谚云：“夏至三庚入伏，冬至逢壬数九。”数九从冬至逢壬日开始算起，每9天算一“九”，依此类推。一般“三九”是一年中最冷的时段，所谓“热在三伏，冷在三九”。当数到9个“九”（九九八十一天），“九尽桃花开”，此时寒气已尽，天气就暖和了。数九有较为明显的现象与变化，是一个很好的观察与记录素材。

以上这些变化与现象，都需要学生通过一段时间的观察与记录才能发现，观察与记录的过程更培养了学生的耐心与细心，而通过自己的能力观察得出的结论也能使学生有更深刻的印象。

除了气候与环境的变化可以成为学生观察与记录的素材之外，人们的习俗活动等人文特点也是需要学生关注的。例如，夏至这一天人们有吃面的习惯，“吃过夏至面，一天短一线”的说法就是从中而来。而在冬至，北方地区有吃饺子的习俗，南方地区则有吃汤圆的习俗。节气中的观察与记录可以涵盖方方面面，使学生对每一个节气有更深层次的了解与发现。

三、要注重团队合作与交流

对于小学生来说，受年龄特点等各方面的限制，一个人单独进行长时间的、单一的观察与记录可能相对比较枯燥，记录也可能不完全准确。这时候就可以充分发挥小组或团队的力量。其实在平常的课堂学习中我们就常用小组合作学习的方法进行课内知识的学习，因此学生对小组合作已经比较熟悉，操作起来也比较容易。在刚开始进行小组合作观察二十四节气时，几个小组合作对同一个节气进行观察从而得出的数据相较于一个人的观察记录会更加准确与全面。而在练习过如何进行观察与记录之后，可以尝试分小组对同一个节气进行观察，从而发现组与组之间的差异，并进行探讨与交流。以小组为单位进行观察，可以在出现问题时及时讨论与解决，培养学生的团队协作能力与沟通表达能力。

四、总结

对观察到的节气现象进行总结，才能成为一个完整的教学活动。师生花了许多功夫进行节气的教学、观察、记录与表达，如果不进行总结与反思，那么这个教学活动还是不完整的。学生容易学过就忘，在生活中也不能系统地、全面地理解与运用。在通过前期的学习、中间的观察与记录之后，要将自己观察到的现象与学习了的知识结合起来进行理解、总结与反思，这样才能使二十四节气的学习更加完整、扎实与牢固。

二十四节气的知识范围是很广的，除了二十四个节气之外，还涵盖了许多方面的内容，如二十四节气的诗歌、习俗、谚语等，包括了许多自然规律，也涵盖了人们因此而产生的人文活动。这就要求教师在教学活动的设计上从宏观考虑，环环相扣，除了对典型的气候与环境变化进行讲授、观察与记录之外，还可以在学生感兴趣的习俗、诗词等方面进行全面的知识传授与补充。

二十四节气是上古农耕文明的产物，它在我国传统农耕文化中占有极其重要的地位，其背后蕴含了中华民族悠久的文化内涵和历史积淀。二十四节气既是历代官府颁布的时间准绳，也是指导农业生产的指南针及日常生活中人们预知冷暖雪雨的指南针。二十四节气对人们的生活、文化等仍有实用价值。

二十四节气之所以成为优秀传统文化中非常重要的一部分，并且能够流传至今，被称为中国“第五大发明”，不仅仅是因为其中的自然规律与发现的农业现象，也因为其中蕴含古代劳动人民的努力、坚持与智慧。因此在小学阶段对二十四节气进行学习是十分必要的，我们应该教导学生在平时的生活中也要像古人一样认真观察、善于总结，感受古代劳动人民的勤劳等美好品质。

在二十四节气的教学过程中，教师要结合学情，贴合实际，注重教学过程中的每一个环节，将二十四节气的学习融入学生平时的学习生活中去，注重培养学生的观察、记录与表达能力，这样才能更好地展现二十四节气的魅力，使学生对二十四节气产生更多的兴趣，使二十四节气的学习成为小学阶段学习优秀传统文化中有意思的一部分。

基于语文综合实践活动的节气教学反思

——以立秋为例

深圳市宝安区灵芝小学　张　丽

工业文明为我们带来了便利的生活，但也使得生活在钢筋水泥铸就的城市中的孩子，对农耕文化中积淀的自然规律越来越淡漠，使他们感官被封闭在电子设备投放的影音中。自然变化周而复始，生生不息。每天，身边都有无数的生命在顺应时间之轨，虔诚地积蓄能量，绚烂绽放。但在孩子的心中，春天仍然只是“小河破冰”“百花盛开”“燕子归来”。实际上，生活在深圳这座城市中的孩子，所经历的最冷的冬至前后，气温也不会低于10℃；看见燕子，也很难认出它来；所看见的花，大抵也是从云南昆明空运而来的各个时节的大棚花。

对此，身为教育人的我不禁思考，我们的语文教学到底带给了孩子们一些什么？是能正确恰当地使用描写各个季节的四字词语，是拥有对自然更为细腻的观察和感悟，还是在他们的心中埋下文化传承的种子？这是一个基于现实困境须辩证思考的问题。

语文新课标对于阅读有着这样的要求：阅读教学应注意培养学生感受、理解、欣赏、评价的能力。我们的教学使得孩子理解了在农耕文化中季节变更的物候知识，带给了他们美好的想象，也是对传统文化的传承。但缺乏实际生活体验的纸上教学，必然会忽视地域差异而陷入浮于表面的困境，很难引起孩子的共鸣。化解困境，首先要尊重差异，让学生明白文本的写作背景与当下的区别，理解物候现象的差异；其次要树立自信，延伸教学活动，让学生利用课堂所学感受身边的自然现象，书写自己的所见所感。

时值秋天，部编版语文教材三年级上册第二单元的主题正是“金秋时节”，加之三年级的学生正式开始了习作的训练和小古文的学习，以“立秋”为主题的节气教学便可以开展多种形式的语文实践活动。

一、诵读古诗文，放大感官体察自然

从古诗文中感受古人眼中的秋天，学习他们体察万物、忠于所感的作文精神。每年公历的8月7日或8日，太阳到达黄经135度，就是立秋时节了，立秋过后，暑气虽未散尽，但也进入了秋天。在宋朝，立秋一到，会有太史奏报。“一叶落知天下秋”，木叶尽脱，归于尘土。位于温带季风区的树木中，梧桐叶大且早衰，完成了制造养分作用的梧桐叶，便如黄蝴蝶翩跹而下。梧桐落叶，预示秋天的到来，盆栽的梧桐被移入殿内。故宋代刘翰有诗《立秋》云：

乳鸦啼散玉屏空，一枕新凉一扇风。睡起秋声无觅处，满阶梧叶月明中。

这首诗便是对这一物候的真实记录。代入古诗文的目的是这些流传至今的名篇中必然包含着作者对自然最为忠实的观察，流露的是他们真切的情感。感受并欣赏其所见所感，可以打开孩子们的感官世界，鼓励他们去发现自己身边的秋色、秋声。

故需带领孩子们去感悟本诗最为精妙之处：立秋之后，“秋老虎”袭来，盛夏的暑气仍未消散，白天还处于炎热之中。但到了夜晚，“一枕新凉”便随秋声一齐入耳，像有人在床边用绢扇扇风一样。一个“新”字，静中有动，暗示了立秋前后虽天气干燥、降水减少，但在承继夏日酷暑的同时，自然的细微变化仍在继续。这种变化被体察，被记录，被总结成规律，而后给予后人指导，是可贵的。

秋天的叶不仅有形还有声。为调动多种感官去感受秋天，在欣赏了古诗《立秋》的基础上，再给孩子们拓展宋代欧阳修的《秋声赋》选段：

欧阳子方夜读书，闻有声自西南来者，悚然而听之，曰：“异哉！”初淅沥以萧飒，忽奔腾而澎湃，如波涛夜惊，风雨骤至。其触于物也，鏦鏦铮铮，金铁皆鸣；又如赴敌之兵，衔枚疾走，不闻号令，但闻人马之行声。予谓童子：“此何声也？汝出视之。”童子曰：“星月皎洁，明河在天，四无人声，声在树间。”

《秋声赋》是欧阳修晚期作品，意在表达秋之肃杀，借以回顾仕途中屡遭贬谪的郁闷，但在一番思辨过后，作者仍借秋声告诫世人：不必悲秋、恨秋，不要怨天尤人，而应自我反省。秋声本是耳闻之物，作者把无形的秋声写得可见可闻，给予了学生写作的新角度。文章开头用形象的比喻描写入夜秋风起，触物似雨声、波涛、金铁、行军，由远及近、由小到大，十分鲜明地写出了欧阳修耳中秋声的特点，结合诗人的平生阅历，喻体的描绘极具画面感，将无形之声写得有形。欧阳修的《秋声赋》，实际上运用了孩子们还不太熟悉的修辞手法“通感”，将听觉捕捉之物用视觉的形式表现出来，弥补了部分感官在表情达意上的不足，但以秋声入文拓宽了写作的范围，内容上可以更加新颖，启发学生在观察立秋后的景色时，可以多角度、更全面，而不仅限于目之所及。对应部编版语文教材三年级上册第7课《听听，秋的声音》，黄叶翻飞、大雁南迁、秋风掠地，这些原本以视觉观察的景色，都可以加入自己的想象，赋予拟人化的动作，写出儿童视角下童真童趣的感受。

二、阅读童话、传说，感悟人文内核

立秋过后，不过几日便是七夕。七夕源于牛郎织女的爱情故事，孩子们都有所了解，能说出一二。却不知早在《诗经·小雅·大东》中就有“跂彼织女，终日七襄。虽则七襄，不成报章。睆彼牵牛，不以服箱”的记载，这是牛郎织女故事最早的版本。汉乐府《古诗十九首》中也有“迢迢牵牛星，皎皎河汉女……盈盈一水间，脉脉不得语”。农历七月初七的月亮在牵牛织女星的南边，银河因为月亮的光芒而无法看到，所以古人想象，那天的牛郎织女会跨鹊桥相会。朴素的自然现象，在农耕文明中被神化，寄托了人们对美好生活的憧憬和想象。同样令人感动的秋日爱情故事，发生在大洋彼岸意大利。相异于牛郎织女的传说，童话《那一年，没有叶子落下来》，因为加入了个人幸福与自然法则的博弈，更符合当代的社会背景和价值观。任性的椴树叶子莉娜，认识到不能将自己的幸福建立在他人的不幸之上，最终选择顺应自然法则而落下，而羞怯的松鼠斯奎莉则认识到，自己的命运必须由自己来创造。最后的结局温暖、美好，且不留遗憾。

发生在秋天的故事不可计数，选择一中一西、一个古老一个现代、一个传说一个童话来做主题阅读、比较阅读，孩子们能够轻易地发现同一主题下的个别差异，开放的阅读视阈能让学生摆脱单一的价值判断，理解文化背景（包括政治经济）对于文学创作的导向作用。牛郎织女的妥协，是无奈于封建家长制的专制与严格的等级观念；莉娜的妥协，却是在抗争之后尊重自然法则。《管子》中记载："秋者，阴气始下，故万物收。"生命走向衰败，但从文学作品中，学生能够感受到人类生生不息延续的密码，永远充满对美好生活的憧憬。即便现实再苍白，文学依旧充满力量。在节气的教学中，教会孩子尊重传统，从自然汲取能量，勇敢活在当下。正如韩国金匡在《树叶的香味》里传达的：

夹在书页里，
一枚树叶，
有森林的香味，
有天空的香味。
只要小小的一枚树叶，
就能把伟大的秋的森林，
长久保持在心里呢。

三、制作自然笔记，输出观察成果

在唐朝，妇女和儿童会在立秋这天剪楸叶插于鬓角或者佩戴在胸前，楸叶形卵，嫩叶为红色，老了之后只有叶柄是红色，插戴楸叶以祈求一秋平安。此习俗经唐、宋、元、明、清五朝流传至今。北宋孟元老《东京梦华录》记载："立秋日，满街卖楸叶，妇女儿童辈，皆剪成花样戴之。"在我国的山东和河南一些地区，现在仍流传着这样的习俗。

基于上述基础，在丰富的文本信息中，孩子们脑海里已经构建了多元立体的秋之图景，更重要的是受到了这些优秀作品的熏陶，忠于自己的感官，敬畏落笔的文字。此时，再放手让学生去观察自己身边的景色在立秋过后的变化，收集立秋时节的风俗，学生也能拥有更多的自信去言说、去书写。

为此，我特意依托二年级时学生已经学习过的课文《树之歌》，设计了实践活动"假如课文我来写——《叶之歌》”。“一叶落而知秋”，孩子们在深圳的秋天时，到室外收集落叶。这里的秋天没有诗词、古文中的萧瑟肃杀，气温最高仍能到达30℃以上，但在持续炎热的过程中，室外的实践活动却能让学生感受到，自然界强大的规律仍在主宰着万物的运行、生长。

他们有的在一片叶子里看到了杜牧的“霜叶红于二月花”；有的将或细长，或圆形，或似鸡爪的叶片拓印在纸上，做成了一幅生动的插画；还有的充分发挥想象，为这些落叶组编了一则童话故事……结合脑中已有的节气知识，又忠实于自然环境，孩子们在节气中学习了知识，收获了快乐。

传统文化的教学，需要培养一批中华文化的继承者、传播者。立足人的发展，让生生不息的精神力量，根植在孩子们的心中。

浅谈课改中师生伦理关系的建立

深圳市宝安区海滨中学　彭济峰

教师与学生的关系，是教育过程人与人关系中最基本、最重要的方面。“师生之间的关系决定着学校的面貌。”师生之间良好的人际关系，表现为教育活动中教师和学生的协调一致，它对教育的效益能产生直接的、积极的影响。建立新型师生关系既是新课程实施与教学改革的前提和条件，又是新课程实施与教学改革的内容和任务。师生关系包括师生情感关系和师生伦理关系。本文试图就新课程背景下新型师生伦理关系的建立，谈一点儿自己的体会。

当前，在学校教育教学活动中存在的师生伦理关系方面的问题主要是：师生之间的权利义务界限不明确，学生权利有时得不到应有的保护。个别教师没有把学生作为一个有独立个人权利的社会人来对待，会有意无意地侵犯学生的个人权利，特别是侵犯学生人身方面的权利和自由以及学生享受文化教育方面的权利。忽视、侵犯学生的权利，必然会导致师生之间权利义务没有界限，还表现为在学校教育中，教师为学生筹划一切，这从表面上看是教师事事关心，实质上是忽视学生的独立性，妨碍学生履行自己的义务。这些都不是恰当的师生伦理关系。

新课程的推进要致力于建立充分体现着尊重、民主和发展精神的新型师生伦理关系。为此，教师要从以下几个方面努力。

第一，在教育教学过程中，要树立教育民主思想。民主平等是现代师生伦理关系的核心要求。民主思想首先要求教师承认学生作为人的价值。每个学生都有特定的权利和尊严，更有自己的思想感情和需要。其次要求教师尊重学生的人格。这种尊重既表现为对学生独特个性行为表现的接纳和需要的满足，又表现为创设良好的环境和条件，让学生自由充分地发现自己，意识到自己的存在，体验到自己作为人的尊严感和幸福感。

第二，要提高法制意识，保护学生的合法权利。教师一定要提高法制意识，明确师生的权利义务关系。同时，国家教育主管部门也要加强教育制度伦理建设，使师生之间的权利义务关系更加明晰，并转化为具体的制度规定，切实保护学生的合法权利。

第三，加强师德建设，纯化师生关系。师生关系是一种教育关系，即一种具有道德纯洁性的特殊社会关系。教师应加强自身修养，提高抵御不良社会风气侵蚀的积极性和能力，同时，也要更新管理观念，树立以人为本的管理思想，从而为师生关系的纯化创造有利的教育环境。

总之，师生伦理关系是师生关系的有机组成部分，我们应面向新时代，努力创建民主、平等和促进个性发展的师生伦理关系，真正使师生关系焕发出迷人的光彩。这将成为本次课程改革中最亮丽的风景线。

清明节气课教学随感

深圳市宝安区灵芝小学　傅 蕾

《周易》云："天地节而四时成。"人们生活于天地时空中，生活在节气的变更中，气候的轮转敲打着大自然的节奏，而我们智慧的先民把节奏的规律总结出来，用二十四节气记录下来。

深圳的季节变化并不明显，要想对其有所察觉，一定要仔细观察。当我在课堂上带着孩子们朗读"天气凉了，树叶黄了，一片片叶子从树上落下来"，当孩子们伴随放学响起的音乐唱道"草长莺飞二月天，拂堤杨柳醉春烟"时，不单是我，还有孩子们，心里总会觉得，这样的景色，这样的季节变化，是属于课本的，而不是属于与我们最为贴近的生活的。说到底，终究是城市的孩子也像极了城市，步履匆匆，少了与自然对话的时间。恰逢工作室在校推广中华优秀传统文化课，并在阅读交流会中推荐成员们共读了朱爱朝老师的《时节之美》一书。受到接连的启发，我决定在班级每周一节的国学课中融入二十四节气的相关课程内容，引导孩子们追随先民的目光，在对二十四节气知识的学习中，关注周围物候、动植物的变化，将课本中的优美语言转化为生活中鲜活的感受。

清明的节气在仲春与暮春之交，是二十四节气中颇具特殊性的一个节气，因为它既是自然节气点，也是传统节日，包含先民信仰与春祭礼俗，兼具扫墓祭祖与踏青郊游两大礼俗主题，与孩子们的生活体验联系紧密。

清明将至，节气特殊，以清明节气课作为班级二十四节气知识学习的切入课，真是再合适不过了。

孩子们刚刚进入二年级根据部编版小学语文课本的编排，《二十四节气歌》的学习放在了二年级下册第七单元语文园地的“日积月累”板块当中，此时的他们对二十四节气并未有过多的了解。所以，第一堂节气课虽被定为清明节气课，但除了要重点介绍清明的相关知识外，还得让学生们先对二十四节气有所了解。

低年级的孩子最爱听故事，以“很久很久以前”作为开场，孩子们的思绪便随之穿越时空，到了上古农耕文明的时代。

很久很久以前，我们的祖先靠耕种劳作生活。耕种是要看天气的，可是那时并没有每天准时播送的天气预报呀！于是，聪明的祖先，通过长时间的观察，找到了一年四季天气的变化与耕田种地的关系，并且给这个发现取名字，叫“二十四节气”。

孩子们听到这里，不禁问：“老师，二十四节气，是有24个吗？”

是呀，我们的祖先根据太阳直射到地球上不同位置的气候变化，每隔15度，就划分一个节气，每个节气之间相隔差不多15天，每个月便有两个节气，一年有12个月，所以算下来刚好是二十四节气。

“那具体是哪二十四节气呢？”

平时阅读量大，见多识广的孩子抢答：“我知道，我读过《二十四节气歌》，里面就包含所有二十四节气的内容！”

这正是我准备给孩子们讲到的内容，便顺势出示此歌谣，一句一句地，先带着孩子们读一遍。投影中，《二十四节气歌》的文字内容旁边附着一幅二十四节气图，我照着朱爱朝老师在《时节之美》一书中提到的有趣的比喻来介绍：“如果这是一栋圆圆的房子，圆房子里就有24个房间，每个房间都有名字。从每个房间的窗口，我们都可以看到不一样的风景。”

“立春、雨水、惊蛰、春分、清明、谷雨、立夏、小满、芒种、夏至、小暑、大暑、立秋、处暑、白露、秋分、寒露、霜降、立冬、小雪、大雪、冬至、小寒、大寒。”孩子们依次了解各个节气的名称，从名称开始，随着时节的变化、课程的继续，相信他们会逐渐见识到节气所带来的风景，到那时，留在他们眼里的、心里的，将会是自然的魔法带来的震撼，是先民的智慧带来的感动。

《二十四节气歌》朗朗上口，孩子们自由读、齐声读、打着节奏对读，很快便能背诵下来。

于是我问道："今天是4月2号，春分已经过去了一段时间，根据节气歌算一算，现在离我们最近的节气是哪一个？"

没错，正是三天后的清明。

清明，"春和景明，慎终追远"。一首杜牧的《清明》让孩子们感受到了清明作为中华传统节日表达哀思愁绪的一面。

接着，我用一段文字介绍道："清明节，又称踏青节、行清节、三月节、祭祖节，它既是自然节气点，也是传统节日。清明节是传统的重大春祭节日，扫墓祭祀、缅怀祖先，是中华民族数千年以来的优良传统。"

学生们结合起自己的生活经验，谈起了对清明节的印象：到了清明节要回老家拜山，哥哥的班级在清明节去给烈士扫墓了……"清明节，雨纷纷，先人墓前去祭扫"。他们了解到的，多是清明追忆先人的哀伤一面。

那么另一面呢？清明的"明"值得做文章，通过从甲骨文到楷书的字形演变过程的展示，孩子们发现，"明"，从日从月，日月相依，代表明亮的意思。他们觉得"明"的小篆写法最为有趣，左边是窗户的形状。"老师，这个'明'左边的窗户，很像教学楼墙上的木窗，有古代的感觉。"感到有趣的他们自发地拿出纸记下"明"的甲骨文、金文、小篆写法。对汉字造字本义的学习，在无形中增加了他们的兴趣。从明亮、光明的感受延伸开，通过几张清明春景图，孩子们了解到，清明时节也有气清景明的一面，踏春、春游、放风筝、植树、插柳、蹴鞠、荡秋千……原来清明节有这么多的习俗，原来清明节不是只有一种色彩。

说到清明插柳的习俗，就不得不向孩子们好好介绍一下清明节由来的传说，这与另一个中国传统节日——寒食节密不可分。其实周一的广播有提到过，不过这一次在课堂中聆听，孩子们更加投入了。

割肉奉君尽丹心，但愿主公常清明。

柳下作鬼终不见，强似伴君作谏臣。

倘若主公心有我，忆我之时常自省。

臣在九泉心无愧，勤政清明复清明。

介子推的故事令人动容，孩子们也体会到了“清明”的另一层含义。

“春城无处不飞花，寒食东风御柳斜。日暮汉宫传蜡烛，轻烟散入五侯家。”韩翃的诗作《寒食》也应上了本次节气课的景，我给孩子们播放了朱爱朝老师的吟诵视频，两三遍下来，他们便跟着吟诵起来，不用多讲，即可意会。

至此，关于清明节日，孩子们已经体悟颇多，那节气方面呢？二十四节气与耕种相关，《素问·六节藏象论》中记载：“五日谓之候，三候谓之气，六气谓之时，四时谓之岁。”每个节气都有“三候”，“候”，是先民对植物、动物及天气变化更细致入微的总结。孩子们通过齐声朗读来了解：“清明三候：一候桐始华；二候田鼠化为鴽；三候虹始见。”近日雨多，孩子们表示要仔细观察，看看今年何时能与彩虹见面。

农谚也记载着与节气相关的智慧，“清明前后，种瓜点豆”，再次通过字形演变，向孩子们介绍“瓜”字。万物始于春，从播种到收获，前人在总结经验中给我们留下了宝贵的精神财富。而这一节节气课也是孩子们种下的第一粒“瓜种”，待光阴轮回，也将收获满满的优秀传统文化果实。

二十四节气之立冬

深圳市宝安区灵芝小学　倪思敏

二十四节气是我们的祖先与大自然嬗变的对话，是祖先在物候变化的情况下，发现了周遭世界、自然诸法之间的联系，从而保持着对世间万物的敬畏之心。二十四节气是上古农耕文明的产物，农耕生产与大自然的节律息息相关，以四个季节为板块，每个季节有6个节气，古人据此而做出节气歌：

春雨惊春清谷天，夏满芒夏暑相连，
秋处露秋寒霜降，冬雪雪冬小大寒。
每月两节不变更，最多相差一两天，
上半年来六廿一，下半年是八廿三。

二十四节气中笔者最喜欢的节气是立冬，今天便拈一抹云墨，共赴一趟立冬之旅吧。

一、立冬由来

立冬，传统意义上，是冬天的第一个节气。《月令七十二候集解》上是这样说的：立，建始也，是冬天的开始；冬，终了也，万物收藏也，表示一年时日的终结，将秋天的农谷作物收藏入库。立冬，不仅表示冬季的来临，更表示冬季开始，万物开始收藏。立冬那天的气候特点是偏北风加大，气温迅速下降，雨变为雪。

二、季节物候

古代人根据节气物候来判定季节的来临，就立冬而言，立冬过后，野鸡一类的大鸟便不多见了，在海边却可以看到外壳与野鸡线条及颜色很相似的大蛤，古人便认为野鸡到了立冬就变成了大蛤。这奇妙的变化联想，也折射出了古人对气候变异的探索与想象。

三、古之立冬

古代的立冬，叫迎冬或者拜冬。古代的皇帝又称"天子"，身兼沟通天、地、人的使命，在立冬的前三天，太史令会告诉皇帝立冬的日期，皇帝进行斋戒沐浴，不饮酒、不荤食。立冬当天，皇帝会赐予群臣冬衣，并携带满朝文武百官在北郊六里处迎接立冬的到来。仪式结束后，皇帝要对群臣进行赏赐，特别是"赏死事，恤孤寡"，也就是说，对因战争、因公致残和牺牲的人员及家属进行物质上的帮助和精神上的安抚，对孤儿寡母、孤独寡居、丧夫丧妻的人进行安抚体恤。

东汉的《四民月令》有此表述："冬至之日进酒肴，贺谒君师耆老，一如正日。"

唐朝对放假颁布了《假宁令》，此令中立春、立夏、立秋、立冬都会放假几天以庆贺"四立"的到来。同时还有祭祖、饮宴、卜岁的习俗。李白甚至在立冬当天写下了《立冬》一诗："冻笔新诗懒写，寒炉美酒时温。醉看墨花月白，恍疑雪满前村。"

唐朝以后，对立冬的记载逐渐减少，但是宋朝诗人陆游也对这个节气很重视，立冬当天也如李白那样，随感写下《立冬日作》一诗："室小才容膝，墙低仅及肩。方过授衣月，又遇始裘天。寸积篝炉炭，铢称布被绵。平生师陋巷，随处一欣然。"

直至民国，立冬的传统风俗逐渐简化，但办冬学、拜师活动依旧在立冬举行，以表示对立冬的重视。

四、习俗与饮食

立夏是夏季的开始，万物兴盛，代表阳盛；立冬是冬季的开始，寒气逼人，潜藏阳气，自然界会阴盛阳衰，在冬季不仅要保暖，更要注重饮食，达到身体与自然的契合。每个地方流传的习俗跟饮食都有自己的特色。

在清代的宫廷，立冬的传统是涮羊肉火锅，铜锅炭火，清汤寡水，只需要加入少量的姜片、青葱即可。在立冬当日，北方人会吃饺子来犒赏自己这一年的辛勤劳作，他们认为饺子代表“交子”，是新旧的交替，只有在立冬当天吃了饺子，才可以保佑一家和睦，其乐融融。吃饺子的习俗还一直流传下来，现在黑龙江哈尔滨人有自己特别的庆祝方式，他们当中有冬泳爱好者，他们会以冬泳的方式迎接立冬的到来。

南方人在立冬时更偏爱吃鸡鸭鱼肉，他们认为只有吃高热量的肉类才会强身健体，同时也会煲一些老火靓汤，滋补润肺。江南的水乡，人们会在立冬之夜吃赤豆糯米饭，来驱避恶鬼，远离疾病。在绍兴一带，人们从立冬之日开始酿黄酒，绍兴人认为冬季的水清冷，温度低，对酒的发酵特别有好处，因此绍兴人把从立冬到第二年立春的时间中酿的酒叫“冬酿酒”。南京人也有自己的特色，当地流传着一句超有意思的谚语：“一日半根葱，入冬腿带风。”因此老一辈一到立冬，就特别注意在每顿饭的时候加入生葱，就着陈醋，一并下肚，既有益身体健康，又能品尝到特色美食，可谓“人间难得几回有”！潮汕地区的人也有自己的习俗，在福建潮汕一带，立冬之日要马上吃甘蔗、炒香饭。福建流传着一句潮汕人的谚语：“立冬食蔗牙不痛。”潮汕人认为立冬的甘蔗已经熟透了，吃了不上火。

五、立冬文化意象之浅析

在历史长河中，古人甚是注重立冬节气，从汉代开始人们过立冬时要吃狗肉庆祝。到民国时代，风俗便逐渐简化。但在不同的时代，立冬给历史留下的文化痕迹绵延至今，让我们一起看看古文、唐诗、宋词、元曲、清小说中的立冬吧。

咏廿四气诗·立冬十月节

（唐）元稹

霜降向人寒，轻冰渌水漫。

蟾将纤影出，雁带几行残。

田种收藏了，衣裘制造看。

野鸡投水日，化蜃不将难。

浅析：这首诗以霜降、薄冰、秋雁等意境，写出了立冬的凄凉与寒意，言浅意哀，扣人心扉，同时也是作者借景抒情，抒发了作者被贬郁结难舒的心情。以冬的寒萧写情，更能淋漓尽致地突出自己的心情，更在字里行间写出了立冬的第三种物候特征，可见古人对物候的观察之细致。

立冬

（宋）紫金霜

落水荷塘满眼枯，西风渐作北风呼。

黄杨倔强尤一色，白桦优柔以半疏。

门尽冷霜能醒骨，窗临残照好读书。

拟约三九吟梅雪，还借自家小火炉。

浅析：这首七言律诗看似写夏天的枯寂、秋天的萧瑟，但却多了一道冬天调皮缤纷的色调，借用黄杨的倔强、白桦树的坚忍，写出了作者积极向上的心态。作者认为天气渐冷，寒气逼人，却能让人清醒，更应该在这个清冽的季节中好好读书、奋发向上，不应该浪费大好时光，更可以在三九寒天中，围上小火炉，玩梅赏雪，温暖而美好！

立冬即事二首

（元）仇 远

细雨生寒未有霜，庭前木叶半青黄。

小春此去无多日，何处梅花一绽香。

浅析：立冬时节，伴随着寒风下起了一场蒙蒙细雨，衬托出中庭上的树叶稀稀疏疏，青黄不接，立冬的时令却如“小春”那样温暖，寒风中传来了梅花的香味，暗喻作者生性雅淡，如梅花般傲雪凝霜，在白色纷呈的世界中，绽放属于自己的光芒。

立冬

（明）陶 安

乍寒冬气应，此日电雷收。

风力生东北，天兵溯上流。

忆君亲沐雨，愧我已重裘。

只待青天霁，聊宽下土忧。

浅析：立冬当天，除了寒气，还有电闪雷鸣，风雨交加，东北风呼呼大啸，犹如天兵天将从天上来。这首诗运用夸张的手法让人感受到了立冬天气变化的不同之处。寒气袭重裘，那猎猎寒风与雨气同至，只待天霁云收，重回朗朗天晴。

“四立”之中，立冬既是终结，又可做伊始。丰收之硕果，与新冬之凛冽相遇，草木凋零，始作新生。农耕者将藏粮囤蓄，生灵寻巢而居，冬之始，日之夕，万物收藏，以避世寒。节气之美，千言不足以尽叙。只愿行在世间，能以一双发掘美的眼睛，俯察仰观那时令之趣、时令之美。

邂逅吟唱，一次浸润心灵的文化之旅

——记北京师范大学“青春国学”研习心得

深圳市宝安区灵芝小学　叶小美

一、众里寻他千百度——邂逅吟唱

在柳絮漫天纷飞的午后，我告别了北京师范大学，告别了此次“青春国学”的诗词吟唱研习，坐在机场依然在思考一个问题：怎样让诗词吟唱走进校园，走进孩子们的心里？怎样把诗词的古典之美传承下去？

2019年4月8日至15日，我有幸参加了北京师范大学“青春国学”传统文化与诗词吟唱研习营的学习，重温经典诗词，滋养心灵，陶冶情操。我们怀着对古诗词吟唱的无限憧憬来到了柳絮飞满城的首都，走进了北京师范大学。第一节课的开头，老师演唱了一曲《金缕衣》，旋律不同于现代歌曲，也稍有难度，晚上下课后回到住宿处，和室友一遍遍练习。学习古诗词吟唱的过程和积淀传统文化的过程一样，有些漫长，但是随着学习曲目的增多，听老师们吟唱的次数多了之后，不知道什么时候脑海里就会不自觉地想起这些旋律，嘴里不自觉地哼唱起来。短短几天时间，由不熟悉、不习惯吟唱，到内化为自己的旋律，不得不承认中国古典诗词具有无穷的文化魅力。

二、蓦然回首——吟唱有魂，诗词有源

1. 吟唱有魂

台湾辅仁大学孙永忠教授提出吟调的生成主要来源于援引、读书调、古曲和自度。援引即引用地方戏曲、民歌、外国歌谣等，多姿多彩；读书调依照基本吟诵规则推衍，旋律较为质朴；古曲多为宋元明清曲调所得，如《九宫大成南北词宫谱》《碎金词谱》；自度是指自己谱曲或者改编其他曲调，形成自己喜欢的调子，其旋律丰富，符合今趣，具歌唱之效。诗词吟唱要注意调、字、形、演、意。

调：首先是吟唱的调，收集于各种不同的途径，多是依于古调或者演变而来，现代人尤其是中小学生在学习时可能不习惯这种唱调，所以怎样激发学生对吟唱的兴趣也是需要我们多思考的。

字：咬字。古诗吟唱不同于我们日常说话或者歌唱，每个发音都需要清晰甚至有必要圆满、夸张。同时在发音时还要讲究韵头向韵腹和韵尾的滑动。例如，xián的发音韵腹最为响亮，发音变慢，有滑动的过程；xún是撮口呼，多表达哀怨悲伤；“春”“水”的发音是开口呼，多表达宏大的气势，所以在演唱时要注意运气的轻重和情感的把握。

形：演出时的礼仪和形态，不同于个人的随性演唱。这就要求我们在平时训练学生的表演形态时也要渗透一些古代的礼仪。

演：就是指演出。我们平时的社团也好，课堂的吟唱也好，都要以成果为导向，这样吟唱才能为更多人所知，古典传统文化才能更好地传承下去，孩子们才能在演出的仪式感中获得更多认同感和成就感、乐趣和锻炼。

意：解诗之意味。古诗词吟唱不同于语文课，不能以讲解历史背景和诗意、分析作者情感为主；吟唱也不是单纯的音乐课，抛弃古诗吟唱的文学意义只是单独教吟唱也是没有意义的。因此，古诗吟唱讲究文学性和音乐性相结合，二者不可舍其一。

2. 诗词有源

谢琰教授的《古典诗歌与鉴赏》除了吟唱知识外，给我最大的感触是：诗词皆有源。尤其是作为一名语文教师，不能想当然地去讲解，要把作者的生平经历和其他诗词都读一

遍。谢教授首先给我们推荐了诗词追根溯源的几本权威书目：

唐诗：刘学锴《唐诗选注评鉴》。

宋诗：钱锺书《宋诗选注》；沈祖棻《宋词赏析》。

中华书局：《中国古典文学基本丛书》。

上海古籍：《中国古典文学丛书》。

谢教授首先讲了诗词阅读与鉴赏的方法有文本细读、对比联想、以史证诗。

文本细读：以《小池》为例，告诉大家先读杨万里全集，了解作者后再读。谢教授以自己独特的视角分析了重点字：惜、爱、柔，质朴的相守（第一种情感）；才、早，灵犀相通（第二种情感：新奇、瞬间）。并且在诗词中总结了这首诗的情感和感悟：遇见多了会发现第二种情感短暂，质朴享受才长久。强调要启发学生感悟在生活中有没有这样质朴的情感。

谢教授分析《望庐山瀑布》是给我带来自我质疑最多的地方。因为谢教授问的问题是我不曾思考的：在哪望？怎么想出来的“疑是银河落九天”？问题抛出后老师们都沉默，最后谢教授解释说，其实不必去争论，读完权威史料就会发现其实李白写了两首《望庐山瀑布》，这是其二，在其一中有答案：银河与紫烟呼应，紫烟在李白的诗中出现14次。这次更加给我深深的感触，想做一名合格的语文教师，我要了解和学习的还有很多。

对比联想：谢教授找来同是写秋天的诗句分析各位诗人当时的心境和情感。

（1）李白：长风万里送秋雁，对此可以酣高楼。（诗仙）

（2）刘禹锡：自古逢秋悲寂寥。（诗豪）

（3）杜甫：无边落木萧萧下。（诗圣）

（4）李贺：衰兰送客咸阳道。（诗鬼）

以史证诗：谢教授主要以李白为例，通过李白的生平经历贯穿他的诗作，什么时间、什么遭遇写了怎样一首诗，这样就很容易让听者明白李白当时的心境，所谓知人论事。谢教授举了李白的《月下独酌》是长安失意之初所作，并且把这个时期的李白和孙悟空对比，非常形象生动。后来李白意识到有人阻碍他在朝中施展才华，所以作了《行路难》，开始漫游。听谢教授这样讲完后，我真的受益良多。

理解诗词意义后还要吟唱，谢教授讲了吟唱的基本知识后又为大家介绍了几种演唱方法。以《阳关三叠》为例，可以采用不同的重复方式来达到演唱效果：起承转合，开头舒缓，第二句过渡不能太出彩，重点放在第三句；往复曲折，在文学与音乐的互相启发中，获得审美体验。

三、却在灯火阑珊处——吟唱进校园

近年来，《中华诗词大会》《朗读者》《汉字听写大会》等文化综艺节目广受欢迎，为何？一是主办方从诗词文化中汲取营养，对中国历史、中国文化、中国故事进行高度凝练，从传统文化中挖掘时代内涵，透过耳熟能详的诗词名句，引导观众不断增强对中华优秀传统文化价值的认同感和归属感。二是现场绚丽的舞美和古风配乐，都深刻展示了中国古典诗词之美，为观众献上了一场文化盛宴。这也是全民对中华传统文化的亲近表现。

北京师范大学文学院周云磊老师给大家介绍了一些学校开展吟唱活动的情况。周老师提出诗词吟唱可以通过“硬件”和“软件”两种形式呈现。

硬件展示可以是介绍诗词文化氛围的导言，可以打造一个诗词文化教室，可以设置传统文化乐器的学习课程，还可以通过舞台的布置来达到吟唱展示的效果；软件展示可以是单一节目展演，可以是晚会形式表演，可以是吟唱和剧本相结合的吟唱剧，可以是校园一日作息的课堂铃声，可以是古代服装、礼仪的课堂示范等。

古诗词吟唱是我们可利用的一种教育工具，可以让孩子们喜欢上古诗词。古诗词吟唱强调以诗词文学的文本、文字为核心，重视文本的意涵、情感，用古诗词吟唱教学语文是对语文课堂诗词古文讲解形式的补充，是有重要作用的语文教学活动。正因如此，古诗词吟唱也就拥有了各种复杂的使用语境。它融合诗词文学、传统音乐、器乐文化、服饰文化、传统礼仪等内容，可以为综合性学习提供丰富的活动支持。所以，诗词吟唱作为优秀传统文化进入校园是可行的，它能为学生提供良好的学习体验，引发学生学习兴趣，促成学习合作，使学生收获学习成就，树立文化认同和民族自信。

虽然古诗词吟唱是传承千年的传统文化，但对于现在的大部分学生来说是新鲜的、陌生的。利用好这种新鲜、陌生感带来的好奇，才有助于提升学生的学习兴趣。正如北京师范大学周云磊老师所言：“真正的文学应该在生活中得以运用。”

此时在机场的我望向窗外被夕阳染红的天空，思绪已随滑行的飞机急切地飞往我们的学校。作为一线教师的我们，又该如何带领着孩子们赏中华诗词、寻文化之源、传吟诵之魂、品生活之美？或许我们可以把诗词吟唱以不同形式融入我们的校园：午休后的音乐可以播放诗词吟唱，让孩子们畅游在诗词雅致古典的海洋中；课前的预备铃响后，孩子们可以齐声清唱古诗词；成立诗词吟唱社团，丰富学校社团活动和学生兴趣爱好；读书月活动、典礼活动、展演比赛都是孩子们学有所成、展示的好机会！

我望着窗外漫天飞舞的柳絮迎着温和的阳光，飘向远方，飘向有梦想的土地。我们也即将带着诗词吟唱的种子，飘向远方，飘向学生们的心田。

下 篇

书中看得几分清

中华民族的高洁名士

深圳市宝安区灵芝小学　林 苒

一种风流吾最爱，魏晋人物晚唐诗。

日本诗人大沼枕山曾如是说。

汉有霸气，却敦厚朴素；唐有阔气，盛世华光；宋有才气，清丽婉约；明有硬气，但人人自危。在汉唐之间的魏晋，因为足有300年之久分崩离析的漫长分裂时间，而出现了中国历史上绝无仅有的名士。这些名士性情高洁，率性旷达，爱恨分明。正如学者宗白华所说：“汉末魏晋六朝是中国政治上最混乱、社会上最苦痛的时代，然而却是精神史上极自由、极解放、最富于智慧、最浓于热情的一个时代。”正因为这些魏晋名士不滞于物，表里澄澈，所以在寻求立于世间的姿态之时，他们言行洒脱、品性高洁，用隽永的智慧和玄远的举止进行了一次孤独的精神远行。

《后汉书》中记载了这样一个典故：

蕃年十五，尝闲处一室，而庭宇芜秽，父友同郡薛勤来候之，谓蕃曰：“孺子何不洒扫以宾客？”蕃曰：“大丈夫处世，当扫除天下，安事一室呼？”勤知其有清世志，甚奇之。

陈蕃，字仲举，东汉末年人。少年时期的陈蕃是一个心存高远的人，15岁那年曾经独自住在一处。然而，他却不收拾家里，所居住的庭院和屋舍十分杂乱。他父亲同城的朋友薛勤来问候他，看到如此杂乱便批评他说：“为什么不把屋子打扫干净迎接客人？”当时的陈蕃立志做一名天下名士，他说："大丈夫对待世事，应该使天下澄清，怎么服侍一间房子呢？"雄心壮志的他，说得自己热血沸腾。然而，薛勤却给他照头泼了一桶冷水："一屋不扫，何以扫天下？"他的意思是说：每一件大事情都是由小事情组成的，天下是由很多的屋子以及屋子里的人组成的。每一个有才学有志向的大人物，都是先成为一名优秀的孩子，后来才成为干大事的人。而现在的陈蕃，正应该从扫一屋开始，如果一屋都不扫，以后怎么能成为一位扫天下的人呢?

哑口无言的陈蕃知道自己的错误，性子直率的他拉着薛勤一起打扫屋子。

正是因为小时候的这一番经历，陈蕃立志成为一个"言为士则，行为世范"的士人榜样。

《世说新语·德行》里说：

陈仲举言为士则，行为世范，登车揽辔，有澄清天下之志。为豫章太守，至，便问徐孺子所在，欲先看之。主簿白："群情欲府君先入廨。"陈曰："武王式商容之闾，席不暇暖。吾之礼贤，有何不可？"

陈仲举也就是陈蕃，是一位言行举止均可成为当时读书人楷模的人，以现代的话来说，就是可以成为"榜样力量"的人。他为官刚上任，就立下了澄清天下的志向。他担任豫章太守时，一到南昌就去询问豫章郡隐士徐孺子住哪里，他想第一时间去拜访这位世称"南州高士"的学者。但是主簿却说："大家都认为太守您应该先到官府去。"可是，陈仲举却说："在周朝，周武王凡是乘车经过贤人贤哲家门口，虽然忙得席不暇暖，却一定会双手扶轼，俯首而立以示敬意。我在向周武王学习敬贤礼士，我要去拜访一下贤人，有什么不应该呢？"

瞧，这么一位品性高洁的人，知道在他任职的地方有一位同样品德高尚的名士，连自己住哪都不知道，就想要去拜访他。孔子曾经说过"见善如不及，见不善如探汤"，意思是见到善良的人，怕来不及靠近他，想要赶紧走上前去，想要成为和他一样的人；而见到不善良的坏人，就好比把手放在滚烫的热水里一样，赶紧离得远远的。说的就是陈蕃的这个行为了。

《后汉书·徐稚传》里记载：

蕃在郡不接宾客，唯稚来特设一榻，去则县之。后举有道，家拜太原太守，皆不就。

徐稚就是徐孺子。在《后汉书·徐稚传》里评论徐稚说他：“家贫，常自耕稼，非其力不食。”他为人谦恭节俭、仁义谦让，周围的人都佩服他的品德。因此，官府特别希望他能任职，但是他都不肯就任。因此，陈蕃任豫章郡太守时，第一时间要去见他。而陈蕃在郡府一般是不接待宾客的，但是如果徐孺子前来，他会扫榻相迎。他为徐孺子专门设一张榻。每次徐孺子前来，就把榻放下来请其入座，待徐离去时，就命人把榻悬挂起来。后来，人们遂用“下榻、解榻、挂榻”等表示对贤才的器重或对宾客的礼遇，成语“扫榻相迎”就是对客人表示欢迎的意思。王勃在《滕王阁序》里就引用了这个典故：“人杰地灵，徐孺下陈蕃之榻。”宋之问的《酬李丹徒见赠之作》：“一朝逢解榻，累日供衔杯。”曾巩的《赠黄降自宜城赴官许昌》：“高斋挂榻骊歌后，坐守尘编少往不。”用的都是此典。

然而，东汉末年的政治动荡不安。东汉中期，继位的皇帝年龄越来越小，导致后族外戚掌权。然而皇帝终有一天是要长大的，长大后的皇帝要夺权，只有靠身边的宦官。于是，外戚与宦官相互争斗，造成了宦官掌控皇帝凌驾于大臣之上的可怕局面。于是乎，当时朝廷官员分成了两派：一派是投靠宦官，小心翼翼地依附着肆意干政、骄纵贪暴的宦官。而另一派则是心存天下之人。在东汉“举孝廉”“举茂才”的选官制度下，这群德行高尚的人被挖掘出来。他们用典籍中富有人格化与英雄化的象征物来反躬和比类自身的生活，并进行多角度的反思透视，自觉地与社会伦理规范连成一个不可分割的整体。而这群以陈蕃为主的官员慢慢成了当时的“清流”，意图觅得机会清明朝政，还天下一个清白。他们义无反顾地坚持着家国理想，一次又一次地努力着，试图用士大夫的家国情怀挽救摇摇欲坠、岌岌可危的朝廷。

《世说新语·品藻》中说：

汝南陈仲举，颍川李元礼二人，共论其功德，不能定先后。蔡伯喈评之曰：“陈仲举强于犯上，李元礼严于摄下，犯上难，摄下易。”仲举遂在“三君”之下，元礼居“八俊”之上。

陈蕃是一位“强于犯上”之人，在宦官曹节、王甫把持朝政的情况下，“蕃常疾之，志诛中官，会窦武亦有谋，蕃因与窦武谋之”。然而，“曹节等矫诏诛武等。蕃时年七十余，闻难作，将官属诸生八十余人，并拔刃突入承明门。王甫时出，遂令收蕃，即日害之”。

70岁的陈蕃因为桓帝的乳母和曹节、王甫勾结，决心消灭这些害群之马，却因事情泄露，窦武等人被杀害。陈蕃大义凛然，以70岁之身带领着属官和学生88人拔刀冲进承明门，被从宫里出来的王甫逮捕，当日便遇害。

后来，《后汉书》史官评论说：“以仁心为已任，虽道远而弥厉。功虽不终，然其信义足以携持民心。”

说说中元节

深圳市宝安区灵芝小学　林 苒

中元节俗称“七月半”，源于祖先崇拜，是民间民俗节日。当一种宗教节日过渡成民俗节日时，定是要发生变化的。因为人们在日常生活当中，总要按照自己的日常行为规范、愿望与远景、观念与理想去解释和加工，让这种节日完全融入生活当中。中元节便将儒、释、道三教思想融合，经过漫长的历史发展，成了今日的鬼节。

中元之名起于魏晋南北朝时期的道教，道教将正月十五、七月十五、十月十五这三个月圆之夜定为上元、中元、下元，即天官、地官、水官的诞辰日。上元节也是汉族元宵节，乃天官赐福之日，古已有之。中元节是地官赦罪、祭祀先人之日。下元节是水官解厄之日，要食寒食，纪念圣贤。

魏晋南北朝是一个重视生死存亡、表达哀伤的时代。人们对短暂人生的感慨和叹喟，成为那个时期的典型曲调。于是乎，祭祀活动成为一种隆重的活动。那个时候，七月十四是人们在水边袚除不祥的秋禊日子。据《惠州府志》记载：“中元，旧俗。惠民多居南雄。因元兵将至，预十四日祀祖，次日避兵。故今惠民犹循十四日为中元节。”原是为了避开元兵，惠州人民才在七月十四开始祭祖，却流传到现在。

这是一个古老的祭祖习俗，直到“南朝四百八十寺，多少楼台烟雨中”，融入佛教文化，有了盂兰盆节。

南朝梁武帝萧衍提倡儒学，信奉佛教，并宣布佛教为国教，并设下“盂兰盆斋”。在节日期间，除了施斋供僧外，寺院还要举行法会、水陆道场、放灯、放焰口等宗教活动。

到了宋朝，中元节则成了一大节日。无论贫富都要备下酒菜、纸钱祭奠亡人，以示对死去先人的怀念。

那个年代的东京街头，快到中元节的前几日，在大街市井上就已经可以看到许多卖冥器靴鞋、幞头帽子、金犀假带、五彩衣服等的店铺。在勾栏瓦肆处，还会有人卖果食种生花果之类，并印卖《尊胜目连经》，而勾肆里的乐人，则会连日上演“目连救母”杂剧。

到了中元前一日，人们买练叶，待到祀时将其铺衬在桌面上；又买麻谷窠儿，亦是系在桌子脚上，乃告祖先秋成之意；又买鸡冠花，谓之“洗手花”。

到了十五日，店铺也都关门，把街道让给鬼魂。街道的正中，每过百步就摆一张香案，以供养祖先素食。城外有新坟者，即往拜扫。政府机关中的禁军也要做道场，替为国捐躯的军人布施怀念。

《东京梦华录》中记载的就是如此盛况——那是宋徽宗时期中元节的真实再现：“十五日供养祖先素食，才明即卖穄米饭，巡门叫卖，亦告成意也。又卖转明菜、花花油饼、馂䭕、沙䭕之类。城外有新坟者，即往拜扫。禁中亦出车马诣道者院谒坟。本院官给祠部十道，设大会，焚钱山，祭军阵亡殁、设孤魂之道场。”

这又是一个珍惜生时盛况、感恩往者付出的仪式。

中元节，虽是融合儒、释、道三家与民间的需求而发展出来的一个节日，再发展，却也无法离开孝道基本思想。

那是对祖宗表示敬畏、不忘先人功劳、谨记祖先教诲的节日，亦是全体中华民族共同认可的讲究孝道的节日。

孔子说：“父在观其志，父没观其行，三年无改父之道，可谓孝矣。”中国的先哲们认为：凡为人子，乃父母生养。若能在三年内不改父母所教导，便是念得父母三年的哺乳之恩和十月怀胎之苦。因而，事父母以孝，实乃人之常情。

这是东方人的美德，亦是中国人根深蒂固的孝道思想。

中元节，原是起源于原始宗教对祖先的崇拜。当时，人们赖以生存的食物源于大自然，人们对自然满怀敬仰，以深深的敬意来感谢自然的恩赏与惠赐。待到氏族社会出现后，人们在领袖的统领下繁衍生息。祭天祀祖成为古代社会生活的两大要务，而祀祖对于百姓来说有着直接的意义，他们相信死后有灵魂，在祖先去世后进行祭祀活动表达对祖先的依赖、仰慕和敬畏，祖先与自己血肉相连，祖先的神力理所当然地成为子孙后代的精神依靠。

《礼记·祭统》上说：“夫祭者，非物自外至者也，自中出生于心也。”祭祀者心怀虔诚，祭祀仪式便成为塑造人性情感的活动。在随后的奴隶社会中，原来的祖先崇拜意识达到了高峰，与发展完备的儒、释、道融合在一起。以祭拜祖先为形式的道教中元节，和以孝道为尊的佛教盂兰盆节，很快得到人们的认同与接受，并得到丰富、发展，成为一种延续家庭伦理道德教育传统的家庭仪式。

那一天，长辈们将会潜移默化地对后辈进行家世、家风、家训、家规的传统教育，这是一种特殊的家庭伦理学业，不是从学校里获得的，只在家庭日常中靠家长的言传身教和孩子的耳濡目染吸取。于是乎，中元节便成了家庭伦理教育最集中、最有效的时机，在家庭成员虔诚的心理状态下，佐以礼仪中各种富有人情味的因素，家长及时有效地教育孩子崇拜祖先、继承家风、谨遵家教、孝顺父母、尊敬师长并履行自己的家庭责任，收到特殊的、神秘的效果。

这一切，都体现出中国人引以为傲的孝悌行为准则。两千四百年，伦理道德体系的建立，成为中元节发展与丰富的棉线，牢牢地把鸡犬相闻、市列珠玑、户盈罗绮系在了一起。

流失了的传统节日：上巳节

深圳市宝安区灵芝小学　林 苒

《周礼·春官宗伯》记载："女巫掌岁时祓除衅浴。"这一天，人们来到水边祓除不祥，也称修禊。郑玄说："岁时祓除，如今三月上巳，如水上之类；衅浴，谓以香薰草药沐浴。"《韩诗》说，郑国的习俗就是三月初三的上巳节，在溱和洧两水之上，会有人招魂续魄；随后，会"秉兰草，祓除不祥"。兰有特殊香气，有除污去邪作用，因此沐浴时要加兰花。朱熹也证明了在郑国三月上巳之辰，会"采兰水上以祓除不祥"。此时的人们，会怀着一种敬畏之心，带着消灾除祸的虔诚心理进行祓除活动。

而在此之前，汉人还会在三月三上巳节里，把红枣抛撒入河中。粒粒红色在河面移动，一起一伏在绿水清波中漂浮着，煞是好看。途中，若有人拾捡，便可以吃掉。这是"浮枣绛水"的风俗。汉代后，上巳节的祭拜色彩减弱，娱乐色彩增加。袁绍就曾于三月上巳日在河边宴飨宾客："三月上巳，大会宾徒于薄落津。"（《后汉书·袁绍传》）

待到了洒脱的魏晋时期，人们对上巳节的祓除活动也不再像原先那样保持一种神圣庄重的态度，他们会在暮春时节的上巳节盛装出游。人们在水边搭起帷幔，用浓浓的诗意，把三月三的闲情逸致堆了起来，心安理得地在诗意凝成的那座庭院里迷糊下去。据晋陆岁羽《邺中记》中记载，石虎在三月三日时临水聚会，他的公主、妃嫔、名家妇女全都跟随而出，在临水之处施帐幔，车服灿烂，走马步射，饮宴终日。

此时的他们不会关心修禊有何仪轨，关心的是修禊以后的娱乐活动。王羲之的《兰亭序》就是在曲水流觞的娱乐活动中，在一觞一咏、有酒有诗的玩乐中写出来的。弯弯曲曲的水在他面前流动着，他喝了一觞又一觞。待要为这几十首诗写个序时，他说：“永和九年，岁在癸丑。那天是暮春之初，我们在会稽山阴的兰亭下聚会，进行修禊仪式。群贤无论年长年幼的，都聚拢在此。此地有崇山峻岭，茂林修竹。又有清流激湍，映带左右。我们把水引来，以流觞曲水。各人均列坐其次。其间，虽无丝竹管弦之盛，然，一觞一咏，亦足以畅叙幽情。”

到了唐宋时期，人们在上巳节仍然进行水边祓禊习俗。三月三，天气新。若在长安，便如杜甫《丽人行》描述那般“长安水边多丽人”了。

某年的三月三，南宋太学生俞国宝来到了西湖边上的小酒馆里。他坐于窗边，观赏着西湖三月的浓厚诗意，遥感古人修禊节。他在喊叹古人修禊的流失，而今已不可寻。这么想着、思着，竟然被春天的浓情蜜意逼到没有退路的边缘，如三月天里野花的巧笑，一下子夺走了他才思的所有阵地。于是，他提笔在墙壁上留下了一首描写三月三上巳节修禊的场景：

一春长费买花钱，日日醉湖边。玉骢惯识西湖路，骄嘶过、沽酒楼前。红杏香中箫鼓，绿杨影里秋千。暖风十里丽人天，花厌髻云偏。画船载取春归去，余情寄、湖水湖烟。明日重扶残醉，来寻陌上花钿。

这种情怀犹如一阵风从远古传来，一时之间花枝颤动。然而正是这种对三月三的怀古之情让我们认识到：南宋后的上巳节修禊活动已经不存在了。词人的遗憾之情跃然纸上，清凉地从眼帘穿成一串串明亮的词句，在一根细小丝线的悬空而吊之下，引牵出的重重思绪一路对着我们逼仄过来。

然而，在读诗的过程中怎么都没想到，那首“人面桃花”诗，竟然与三月三上巳节有关：

去年今日此门中，人面桃花相映红。

人面不知何处去，桃花依旧笑春风。

唐代诗人崔护的《题都城南庄》。

崔护一直举进士不第。

那天，清明日。

他独游都城南，得居人庄，一亩之宫，而花木丛萃，寂若无人。

他叩门，一女子自门隙窥之，问："谁呀？"

崔护以姓字对，说："寻春独行，酒渴求饮。"

女子以杯盛水，开门，设床请他入坐。伊人独倚小桃斜柯伫立着，妖姿媚态，绰有余妍。崔护一下子被姑娘的美丽颜色迷住了，他"以言挑之，不对，目注者久之"。

等崔护辞去之时，姑娘送之门，如不胜情而入，崔亦睠盼而归，嗣后绝不复至。

然而，到了来岁清明之日，崔护忽然思之非常，情不可抑。于是径直前往寻之。然而，门墙如故，而门已锁，于是，他题诗于左扉。（唐孟棨《本事诗·情感》）

那一天，可是法定的"私奔"日呀！崔诗之"今日"，就是三月三；崔护与那姑娘的那一日情，是古俗约定俗成的：那天，男女间可以自由恋爱，可以自由交往。

这样的一日情，过后一般又是不思量的。所以崔护直到来年的三月三，又想起了那姑娘，寻而不果才起惆怅之感。

便有了崔护与姑娘偶遇后而得的《题都城南庄》。

如此描述，竟是上巳古俗在唐代的演绎。

早在西周时就已存在的三月三上巳节是一个非常古老的节日，到汉代成为传统节日，有洗濯祓除、浮枣绛水、文人雅集、歌舞游猎等娱乐游戏。经魏晋南北朝的传承后，至唐代更加繁盛。然而，到了宋元，滨水修禊的字眼，渐渐从文学作品中湮没不彰了——上巳节消失殆尽。

小寒时节

深圳市宝安区灵芝小学　林　苒

吴藕汀在《小寒》里说：“小寒惟有梅花饺，未见梢头春一枝。”《月令七十二候集解》：“十二月节，月初寒尚小，故云。月半则大矣。”分明是：

月初，朔方雪落。

岭南天恰好，朗朗冬日细细微风，看绮窗，有桂枝摇曳。

学童们晨读“人闲桂花落，夜静春山空”，风流至极。

不禁想：弦歌不辍的古代学子们，初雪时分，都读些甚?

小寒那天，半城烟户都淹没在参差的屋瓦上，那上面应该留有丰腴的初雪；远近诸山都与回流的风一起滋润，美艳得紧。

那时，坐在学堂里的学子们手捧《诗》和《书》，望着窗棂以雪掩面，留得江山半壁肃穆、半壁娇艳的美景，吟诵着《诗经》里那句著名的雪景“雨雪瀌瀌，见晛曰消”，此中光景，又何止是书章浅语可一言道尽的?

先秦时期，学生们均要遵循先王的志向，统一学习《诗》《书》《礼》《乐》四种学术。因此，学校便设立了这四类教程，教师也要按照先王传下来的《诗》《书》《礼》《乐》里的标准来培养当世人才。

好比当代教材有上下册、年级之分一样，什么时候学什么书籍，也是有讲究的。

《王制》里规定：当“东风洒雨露，会入天地春”“银烛秋光冷画屏，轻罗小扇扑流萤”之时，也就是万物复苏的春天和秋高气爽的秋天，学校将会教授《礼》和《乐》。

临到“小荷才露尖尖角，早有蜻蜓立上头”的夏季，以及“山回路转不见君，雪上空留马行处”的冬季时节，学校便转而教授《诗》和《书》。朗朗弦歌，吟哦不辍。

当春风和秋风把季节捻成一条长长的线抛向人间时，学堂里便有了一曲曲扣人心弦的强音。此时学子们开始学习礼乐制度。那时的风是温柔的，周遭是温暖的，人心也是宁静的。

继而，无论是在瞬息万变、顷刻间苍黄大地风起云涌的夏季，或是在飞雪漫天、转瞬即穹顶苍然四下寥茫的冬季，空白的大地便有了一行行脍炙人口的诗句。

学子们习书学诗，可修身成人，可化民成俗，可观风俗，可知得失。

遥想两千四百年前。

一棵大树下。

那里，可能会大雪霏霏。

一位50多岁的老师，沉静优雅地端坐着。

那黑色的头发兼杂着丝丝白发软软地耷拉着，犹如初雪漫天般。隐藏着魅惑的双眸坚定地看向他的学生们，仿佛熙攘嘈杂的人群喧嚣已经远离，雨雪霏霏亦不曾来到——他与他的学生，以一种天荒地老的姿势，暗示着中国教育的久远道路。

那棵大树下，没有花梨木做的书桌，也没有在桌子上摆着的几张宣纸，更没有砚台上搁着几支毛笔，当然也没有宣纸上的几抹雪影。

那只是一棵大树，而树下雪夹着风儿一直飘动着好奇——那是一所移动的学校，校长名叫“孔子”。

那时，孔校长到了宋国，学生们纷至沓来，在大树下习礼。宋国司马魋厌恶孔子，听闻此事，立马命令斫拔大树。孔校长道：“天生德于子，桓魋其如予何？”“树下学校”便只有如丧家之犬一般，移到郑国。再之后又迁移到陈国，三年后回到卫国。后来，孔校长想到晋国去见赵简子，不想走到半路就听闻晋国一口气杀了两位有德才、有贤能的大夫，于是折回卫国，再到了陈国，一年后，迁到蔡国。

此时，孔校长已经才名远播，以至于楚昭王想派使者迎聘孔子。陈、蔡两国的士大夫一听，大惊失色，认为强大的楚国一旦迎接孔子，将会大难临头。于是同时发兵把孔子和他的学生围困在郊野。

那时，孔子和他的学生们面临的困境是粮食断绝、无处安生。在困难重重的情况下，孔老师依然在残垣断壁下授课。一时之间，琴声不断、弦歌不辍。学生们平静地学习生活，或许有不忿、有不甘，其间却没有耽搁学习。

其时，苍凉的雪风吹过，或许有寒梅在他身后绽放，一种富于创造力的教育快乐从孔老师身上发射出来。那是一种潜伏在每位教育者心里与生俱来的、带来安稳与愉悦的能力，是超越时间控制的教育情感。

而后，孔子由楚国又回到了卫国，再由卫国回到鲁国。辗转14年后，孔子在鲁国删定了《书经》《诗经》，把列国所行的正事记载到《春秋》后，移动的学校就此安稳下来。

《学记》与《王制》里记载：

那时的学校，分“国学”与“乡学”。但无论是贵族学校还是平民学校，他们只是在学校和学习条件上有所差别，教育制度、选拔制度以及学习内容、培养目标却是一致的。

《礼记·学记》里说：

比年入学，中年考校。一年视离经辨志，三年视敬业乐群，五年视博习亲师，七年视论学取友，谓之小成。九年知类通达，强立而不反，谓之大成。夫然后足以化民易俗，近者说服而远者怀之，此大学之道也。记曰：“蛾子时术之。”其此之谓乎！

先秦时候的学校里，每一年都会有新生入学。

入读小学后，隔一年便有一次考试。

当新生入学时，第一年会考查他们断句的能力，并且要辨别他们的志向——也就是从学业和思想方面来考查新生。

到了第三年，会考查他们是否能够专心学习、勤于思考，是否能够合群切磋、互相协助，即考查其学习态度和友悌之心。

第五年会考查他们是否敬爱师长，即考查其尊师重道的品质和学习的深度与广度。

到了第七年，则会考查学子们对学问是否有自己独特的见解，还会考查他们对朋友的选择。此时，如果考查合格，就被称为“小成”。

到了第九年，会考查学子们知识面是否畅达，是否触类旁通，是否遇事不惑，是否尊师重道。如果能顺利通过，便是“大成”。

总结起来，就是“一、二、三、五、七、九”，即小成与大成两个阶段和“一、三、五、七、九”年。三代的大学课业，要用九年来完成。

无论寒雪或是春柳，学子们慢慢地积累着所有。

包括生命、仲夏隆冬，以及对一切的认识。

《学记》里认为，只有“安其学而亲其师”，才能真正地学习到知识。因此，教师们循循善诱，让学子在适当的时间里学习相应的知识，而教师们善于长其善而救其失。不只如此，学校还相对科学地把学习时间进行阶段性分割，让学生有目标地分段学习，这有助于学子们轻松地分解每一阶段的心理压力，巧妙地帮助自己缓解学习中的畏难情绪。

陈铁镔在《我国古代第一部教育专著〈学记〉初探》中认为：“写《学记》的目的，是总结先秦时代教育经验，以利于‘建国君民’，为封建统治阶级服务。”《礼记·学记》是先秦时代学校教育的论文集，是我国甚至世界上最早的一篇教育论著。当代学者顾树森在《学记今译》中提出：“《学记》既可称为中国古代教育学的雏形，也可说是中国教育史甚至世界教育史上第一篇非常辉煌的有关教育理论和方法的伟大著作。”《学记》记述了先秦时代学校教育有关目的、思想、制度、教学方法、学习途径、教学任务、师德要求等方面的问题，在现今来看，依然有借鉴的价值。

无论如何，孔夫子活到了73岁。当汉朝“罢黜百家，独尊儒术”后，孔子所制定的礼乐制度自为历代所尊崇，孔校长当时并没有想太多，只是率性为之。然而，他的教义却影响着一代又一代中华人民，流芳百世。

小寒时分，月半之间，于诸生学子却是遥遥学途华灯初上。然人生本漫漫，至于归乡何时、衣锦何期往往是无可知的。纵天初寒砚冰坚，心有一簇火红的念想，也无妨寒天寂寥、岁月荒凉。

三节合一的清明节

深圳市宝安区灵芝小学　林　苒

所谓岁月的洗涤，其实就是把生活中不重要的、可有可无的事物、态度和情感删除，修炼出一个坚硬的外壳，足够抵挡岁月的风刀霜剑、惊雷雪雨。

比如清明节，正是岁月的洗涤当中，把其他的剔除，剩下的事物，是值得研究的。

若按过节的时间顺序排列，这三个节日应该是先过寒食，再到清明，后是上巳。然而，待到唐大历十二年，朝廷明文规定，将清明与寒食节合二为一，民间已经不再过三月三。清明的祭祀仪式保留了下来，成为中华民族对先辈列祖的怀念与敬畏的表达之日。

如今的清明节，便等于是上古的上巳、寒食与清明节合三为一的节日。清明节背后的文化，让中国人如蛰伏在浓厚的诗意里，使后辈人能漫溯到诗和远方，一半随风去，一半留于人间。

再说说寒食节。

据说，春秋时期晋公子重耳流亡时贫困交加。晋国臣子介子推为了辅保晋公子，毅然决然割股肉给公子充饥。待重耳归国后，当上晋文公，便想起了这个义胆忠心的臣子介子推。不想介子推竟不愿佐政，与老母亲隐居山中。晋文公为逼其现身，下令烧山求之。而介子推始终不肯出来做官，竟抱木而亡。

晋文公后悔不迭，下令全国在这一日里禁火。

因此，寒食节也被称禁烟节、冷节、百五节。实际上，后人多有考证，认为寒食节禁火习俗的起源与介子推无关，而介子推割股的史实也存在争议。

事实上，寒食节真正起源于古代的钻木、求新火之制。充满了智慧的古人，善于观察季节的不同，会利用不同的树木进行钻火取火，后来就有了因季节改变而改变取火方式的习俗，每次改火就要换取新火。然而，当新火未至时，全国禁止生火，此乃每年大事。

若是翻开旧历，会发现寒食节通常是冬至后第105日，会在清明节前一两日，与清明节日期相近。清朝初期，汤若望进行了历法改革，使得清明与冬至两个节气之间的间隔缩短。而且为了能够传承并维持寒食节在清明节前一两日的风俗，民间将寒食节定在清明节一日之前。现代二十四节气的定法沿袭汤氏，因此清明节就在寒食节次日。中国最早的春祭在寒食节，后来改为在清明节。目前的研究表明：在唐朝仍保留有寒食的习惯，但是寒食节是在什么时候被清明节取代的，已很难考究了。

而后是清明节。

清明节是中华民族四大传统节日之一，更是二十四节气之一。而在中华民族传承了几千年之久的祭祖文化里，就有包括清明节在内的四大祭祖传统节日，其他三节为除夕、盂兰盆节、九四节。中国的传统节日里，来自二十四节气的节日，唯有清明节一个。《月令七十二候集解》云农历三月节……物至此时，皆以洁齐而清明矣，记叙了“清明”之名的来历。到了清明，中国黄河中下游及以南地区平均温度在10℃以上。

清明节，据传始于古代帝王将相墓祭之礼，而后民间纷纷效仿，于此日祭祖扫墓，演变为华人以扫墓、祭拜等形式纪念祖先，成为中华民族固定的风俗习惯。人们在清明节会扫墓、祭祖，清明节逐渐成为中华民族的传统节日。

“洁齐而清明，清朗而明媚”。清明节其实是一个诗意十足的传统节日，据《癸辛杂识》记载，两节之间太学生要放假三天，武学生放假一天，祭扫先祖之墓。

清明这个节日原来的活动不算丰富，宋代笔记《东京梦华录》和《梦粱录》的“清明”条目里记载了“子女及笄者，多以是日上头”。“上头”，其实就是给少年少女们行成人礼。少年戴冠，少女及笄，以示可求偶、成婚。而这原是上巳节的内容。

而后到了如今，清明节已经不只是运用祭祀来表达人们怀念、感恩、祭祀先祖的仪式，除了扫墓祭祖、寒食赐火，各地还有不同的风俗习惯，如插柳戴柳、春游踏青、蹴鞠、荡秋千、放风筝、斗禽、拔河、赠画蛋、吃青团、吃红藕、植树等。

随后，是上巳节。

“上巳”二字最早出现在汉初文献，俗称三月三、三月节、三日节、小清明，在汉代以前定为三月上旬的巳日，后定为农历三月初三。汉代以前上巳节有与众不同、独具一格的风俗，它是当地政府为男女青年举办的狂欢节。上巳当天，男女青年既可以在河边临水沐浴，亦可聚会期间谈笑，更甚者，还能不拘礼制地随意交欢而不受人干涉。

按照以上研究可以看出：上巳节一般会举行的活动为沐浴、踏青；而寒食节则有禁火、食冷食的习俗，到了清明节，祭祖、扫墓是其主要活动。

如今，三节已经合而为一，唯有祭祀祖先，让逝者安魂、生者安心，并以此来凝聚中华民族的文化自觉。传承传统美德，提醒后代要传承孝道，是其最大的作用。

《兰亭集序》的传奇故事

深圳市宝安区灵芝小学　林 苒

艺术，一直以来都是神圣而具有生命力的，能够表达当下人们的精神积淀与情感寄托，让人们的生活轨迹与行为思想穿越时空留存后世。在华夏几千年的历史长河当中，有太多伟大的艺术家用手中的笔为世界勾勒着色，他们能够战胜困难、险阻甚至恐惧，执着而深刻地用艺术正确地表达出生命之善，其凝重的情感不会因恐惧而虚化内心的真实。

而在众多的艺术作品当中，当属《兰亭集序》最为传奇。

王羲之，中国著名的书法家，被称为“天下第一行书”的《兰亭集序》，在各朝各代都被临摹。东晋永和九年的三月初三上巳节，王羲之与谢安、孙卓等朋友在内的42人，修禊事于绍兴之兰亭。众人饮酒赋诗，曲水流觞，极尽风雅之事。此时，王羲之已半醉，作为长者，他需要为众人作序。于是他乘醉挥毫，一气呵成，写成了千古绝唱的行书法帖《兰亭集序》。

“司马与王共天下”的琅琊王氏，其家势之厚、家传之深，非寻常人家可比。王氏子孙视《兰亭集序》为珍宝，将真迹谨慎珍藏，世代相传。然而，实在抵挡不过历史潮流的冲刷。随着历史的变迁，《兰亭集序》传奇的一生，在历史长河中展开漫长的画卷。

时值南朝，《兰亭集序》在陈时已经传至王羲之七世孙山阴永欣寺和尚智永，辗转中为陈宣帝所得。随着隋平陈，《兰亭集序》归隋炀帝杨广所得。然而，杨广并不珍惜，反而将其束之高阁。所幸后归于僧人智果手中，得其珍藏，并被传给其弟子辩才和尚。

到唐太宗时期，李世民极其酷爱二王书法，尤爱《兰亭集序》，命侍臣从辩才处赚得真迹。辽宁一博物馆的《萧翼赚兰亭图》，描述了唐太宗获得《兰亭集序》真迹的传奇故事。

辩才和尚是中国书法史上一位伟大的书法家，获得了《兰亭集序》后，他十分珍爱。然而，他遇见了一位同样推崇王羲之书法的君王唐太宗，唐太宗甚至还诏令天下搜集王羲之的真迹，独独不得《兰亭集序》。当他得知真迹的下落后，让监察御史萧翼去完成这一项并不光明的任务。

萧翼也是一位对书法有颇多研究之人。为此，他来到了浙江绍兴辩才和尚所在地，以观看壁画研究书法为借口来引起辩才和尚的注意并引为知己。作为一代书法家的辩才和尚有爱才之心，两人就王羲之的书法展开讨论，一拍即合，十分投机，相见恨晚。萧翼步步为营，趁机展示自己所藏之王羲之真迹，使得辩才和尚亦倾囊相告，把《兰亭集序》拿出来观赏。辩才和尚逐渐失去了防备，而萧翼却步步紧逼。也不知他是用何种手段盗得《兰亭集序》献给了唐太宗。虽然唐太宗赏赐巨款给辩才和尚用以修缮宝塔，然而辩才和尚还是在一年后去世了。

据后人所记，李世民得到《兰亭集序》真迹后，命弘文馆的拓书巧手冯承素、诸葛贞、韩道政、赵模等人摹成副本。几位匠人用“响搨法”来进行拓书，他们在暗室一面向阳的墙上开一扇小窗，把真迹置于小窗之上，随后用透明的纸张覆于其上，以双钩临摹后，根据其笔墨的浓淡，细细用毛笔进行填墨，气韵逼真得一如真迹。后欧阳询、褚遂良等人亦有临本。而真迹却在唐太宗去世后作为殉葬品埋于昭陵。

真迹虽然不在人间，然而《兰亭集序》却有诸多摹本、拓本，其中最具传奇色彩的当属传为唐代欧阳询手摹并刻石的《定武兰亭》。

南宋诗人王柏有诗《题定武兰亭副本》，其中记载了《定武兰亭》自唐初至南宋的经历。诗云：

玉华末命昭陵土，兰亭神迹埋千古。
率更搨本入时珉，盐帝归装投定武。
薛家翻刻愚贵游，旧石宣和龛御府。
胡尘横空飞渡河，中原荆棘穴豺虎。

维扬苍茫驾南辕，百年文物不堪补。

纷纷好事竞新模，倾欹丑俗亡遗矩。

如今薛本亦罕见，仿佛典刑犹媚妩。

清欢盛会何足传，右军它帖以千数。

托言此笔不可再，慨然陈迹兴怀语。

今昔相视无已时，手掩尘编对秋雨。

据说，欧阳询受命手摹《兰亭集序》并刻石后，将其置于学士院当中。不久遇安禄山内乱，六御蒙尘。郭子仪急忙于皇宫学士院中取得欧阳询临本刻石，匆忙间运到了灵武。而后，《定武兰亭》刻石一直在灵武得以保存。至五代梁时，又被移至汴都（今开封），直到耶律德光入侵中原，占领汴都，灭后晋，《定武兰亭》刻石被大辽皇帝所得。然而，不久中原兵变，耶律德光不得已北归，他趁机带走了欧阳询《定武兰亭》刻石。然而，史料记载，“十六日，次于栾城县杀虎林之侧，时德光已得寒热疾数日矣……二十一日卒”。随着耶律德光身亡，刻石遂佚失栾城近百年。

这是一件历尽沧桑的艺术品，受尽了人间的各种磨难。

到了公元1041年，距离魏晋已有七八百年的历史。

此时，《定武兰亭》刻石在栾城，被定武地方官买下藏于官库。定武，现在的河北省定州市，唐时定武为州治，置义武军，到了宋代因避太宗讳，改名定武军，故该刻石称《定武兰亭》，即后世所称的“定武本”。

后来，时任地方官薛师正与其子、北宋书法家薛绍彭翻刻此石后，把仿石贮于官库中，反而将真本藏于家中。为了让真迹永远成为孤本，监守自盗的父子俩故意在翻刻时将原石“湍、流、带、左、右”五字刻损一两笔，暗记其真伪，而损者为真本，使得《定武兰亭》有“损本”和“不损本”之分。到了宋徽宗大观年间，宰相蔡京怀疑石刻的真伪，并得知薛家藏有兰亭原刻，其子薛嗣昌不敢隐瞒，呈进宣和殿。

后来，金兵入汴梁，宫中被洗劫一空，唯独刻石无恙。留守汴梁的宗泽得知后，立刻将刻石送给扬州的宋高宗，高宗如获至宝。然而金兵进逼扬州，宋室仓促南渡。仓促逃亡间，高宗仍不忘命内臣将兰亭刻石真本投于扬州石塔寺井中，以备事后再取。宋高宗死后，此石下落无人知晓。

《定武兰亭》刻石的传奇故事依然没有结束。

公元1925年即民国十四年，在绍兴金石家顾燮光（1875—1949）所著《梦碧簃石言》中册《东阳何氏兰亭》一文中，发现了《定武兰亭》刻石的踪迹，其中载道：“东阳郭君子衡为燮言：‘东阳县东南四十里南上湖何姓家藏有定武兰亭。原石已裂为三，子孙分藏（孟仲季三房为欲合拓，定章洋二十元）。至为珍贵，非汇聚不能毡拓，传本极稀。’是兰亭真本尚在人间。戊午（1918年）仲春，郭君旋里，以拓本邮示，隽逸迥异俗本。”

据文中所载，明代宣德四年即公元1429年，时任两淮都转盐运使的何士英在扬州石塔寺僧淘井时，发现此碑。当时，碑缺一角，何士英虽大喜过望，但高洁的他并未占为己有，反而呈献皇帝，因此得到皇帝赞赏，赐其石携归东阳。相传，当时的东阳县令还特地去何家参观这块珍贵的刻石。然而不承想，因此一观竟引发此人贪婪之心，并在无法获取的情况下，怒起而将刻石摔断，裂为三块。此后刻石一直由何氏子孙按孟、仲、季三房分开保存着，只有逢二十年修族谱之际将此石合而为一，并用宣纸拓印，以馈赠亲友。

后来，郭子衡除了给顾燮光寄去何氏家藏刻石《兰亭序》拓本外，并寄去由郭子衡所绘的“兰亭原石图”。

后，刻石藏于浙江博物馆。《兰亭集序》的传奇故事就此结束。

愿山河无恙，文化流芳。

浅谈“八音”

深圳市宝安区灵芝小学 林 苒

春秋战国时期，有一位刺客叫高渐离，善击筑而歌，如同刘邦回乡后击筑而歌，写出一首词叫作《大风歌》。

太子丹穿上白色的衣冠，为荆轲送行于易水之上，“高渐离击筑，荆轲和而歌于市中，相乐也。已而相泣，旁若无人者”。（《史记·荆轲传》）

《释名》中记载道：“筑，以竹鼓之筑秘之也。”这应该是汉筑的写照。《汉书·高祖本纪》记载了汉高祖刘邦是一位击筑的能手。他击败项羽后衣锦还乡，曾在酒酣时击筑而高唱：“大风起兮云飞扬，威加海内兮归故乡，安得猛士兮守四方。”汉筑在当时曾名扬四方。

高渐离在秦吞并六国一统天下后隐姓埋名，做着苦役，偏偏在主人家堂上痴迷地聆听客人击筑，一时忘了身份，并不时点评一二。家主认为此非等闲之辈，设酒相待。高渐离技痒，举座皆惊。

悲壮的故事背后，是什么样的乐器做背景音乐的呢？《风俗通义》说：“筝，谨按《礼记·乐记》，五弦筑身也”。这是对筝的描写，由此可见，筑似筝。唐代著名训诂学家颜师古又记道：“今筑形似瑟而细颈。”原来筑又似瑟。然而，瑟又是何模样？北宋之后，筑与瑟都默默无闻，再之后，它们一起失落了。事实上，在盛唐李隆基时期，“雅乐”已经被打入了冷宫，非常不巧的是，筑就被列入“雅乐”中。唐玄宗本人不喜欢七弦琴，宫里根本没有琴的位置，唯庙堂里偶有供奉，更不堪的是，雅乐竟然是为死人而奏的音乐。

而琴在士大夫们的心目中还是占有极其崇高的位置。士人都会拥有一张琴，以此来显示自己高雅之态。《风俗通义》引用《世本》的话“虽在穷闾陋巷、深山幽谷犹不失琴……”；“五柳先生”陶渊明“性不解音而蓄素琴一张，弦徽不具”；董庭兰是琴家代表，被认为“沈家祝家皆绝倒”；高适在《别董大》中写道“莫愁前路无知己，天下谁人不识君”。这是士大夫们与琴结下的缘。可惜董大善弹的是《大胡笳》《小胡笳》，而非筑；可惜陶渊明的无弦琴是琴，而琴只是弦乐器的泛称。

筑最终失传了。尽管从战国到西汉，筑是音乐中最重要的乐器；尽管高渐离后来击筑，常常使得聆听者落泪，却因此而被秦始皇下令缉拿。因他善击筑，免去死罪，熏瞎双眼，在秦宫里当乐人，最终得以在秦始皇跟前近距离演奏。然而，他却做了第二个荆轲。

或许这就是英雄所要做的。他们用一生中唯一一次的壮举，用生命的代价把自己的名字镶进被虫蛀的发黄的古书里，任史笔蘸着或浓或浅的墨汁去畅写。他们的名字并不只是用简单的笔画勾画出来，名字的背后是皇帝们巨大的私欲，在嘶声的杀伐与扩散的鲜血中，他们用“英雄”二字为自己的名字镶了一层厚厚的金边。然而在他们生前，所有的荣誉、财富、地位都不曾出现。直到最后，他们仍然一无所有，甚至低微的赞誉都只是在他们成为英雄后才和名字一起载入史册。至于清纯悠扬的筑，那是杀戮的前奏曲，又是哀伤悲凉的安魂曲。它是专门为高渐离而设的。高渐离在这回旋起伏的曲子的激愤中死去，完成了一次对音乐的最高注解——这或许就是筑与高渐离最好的结局。

《三字经》里说：“匏土革，木石金，丝与竹，乃八音。”

其中，匏就是用葫芦做的葫芦丝，土是用匏土制作的乐器，革是皮革制作的乐器，如鼓；木是用木做的乐器，石就是石做的乐器，金则是以金属为主的乐器，如敔；丝就是丝弦发声的演奏乐器。

可见，筑与琴，均属“八音”中的“丝”。

在《清明上河图》里，我们可以看到香车宝马奔驰，游人熙来攘往。在这上面有很多雕楼画阁，还有很多绣楼珠帘，然而最奇怪的是在乡街小巷里面有很多燕馆和歌坊，无论是在这些酒肆或者是在燕馆里面，最寻常不过的是响彻丝竹之声。那么多个历史朝代中，只有宋朝士大夫的地位是最高的，朝廷给予士大夫的是非常大的空间。他们在业余时间里可以尽情地进入酒肆、燕馆里，有很多歌妓演奏着丝弦，有人和歌而唱。当时，曲调是一直有的，但歌词，却是要填的。如此一来，这个作词的任务就交给士大夫了。

很难想象，在隋唐至宋七百多年间，中国是一个流行歌曲的大国，很多流行歌曲都出自民间。

在宋朝的茶坊、酒肆里，处处可闻弦乐。而弦乐，是“八音”里的一项。例如古乐《潇湘水云》，是南宋著名音乐家郭沔创作的。郭沔在隐居湖南的时候，时常在潇湘二水的河流处游藏，每当远望着云山被云水所蔽，他便会发出对山河残躯、世事飘零的感叹，于是创作了这首作品，以寄托他的无限眷恋之情。而演奏这首曲子的乐器，正是古琴，属于“八音”里的“丝”。

像草一样生长的杜子美

深圳市宝安区灵芝小学　林　苒

这是一个春日，我成为一个旁观者，坐在屋檐底下看燕儿衔春泥。

此时的燕儿们声音如水，它们怀着深深的感恩进入缓慢的、氤氲着炊烟的平和中。它们似乎怀念着某些曾经做过的事物的过程，站在稻田里对着稻草人悄然发呆，似乎正苦恼着该不该把它拆下来，把它那沧桑的身子骨变回原始模样。不修边幅的草堆在一旁，向它点着头做同意状，以一种游戏的兴味，与燕儿们玩耍。

与此同时，我惊奇地发现，草更善于接待不同的访客。或许，它心中有着更深层次的冷，或更诱惑的热，用同等的丰盈，完整地呈现出诱人的妩媚，巧妙地对待身边的一切。

这似乎与一个诗人——杜甫很像。

（一）

唐肃宗上元二年秋天，锦官城下了一场大暴雨。这本应该是好事，因为久旱逢甘霖。

而一位落魄的诗人也盖了一个茅屋。那个风雨大作的晚上，诗人的房顶被秋风卷跑了，偏偏第二天欲寻回这破房顶时，一群欢乐的孩子不愿还给他。倒霉的诗人气极而笑，万分无奈之下写下了千古名篇：《茅屋为秋风所破歌》。他在写时，一定是用思绪的空茫来对待身外的躁动，这是一种对事物的态度，如同一个初生的婴儿，袒露、赤裸、忠诚、纯真。他以笔写道：“安得广厦千万间，大庇天下寒士俱欢颜！风雨不动安如山。”

写出了当时所有穷苦读书人的心声。

茅屋其实就是杜甫流寓成都时的故居。公元759年冬天，杜甫为避安史之乱，携家带口由甘肃省南部入蜀辗转来到成都，在此居住近四年，创作诗歌240余首。

那年春天，穷困潦倒的草根诗人好不容易在朋友的帮助下，在成都西郊风景如画的浣花溪畔，修建了一座茅屋，又过了一年的春天，茅屋终于落成了，他与家人便在此地居住下来。诗人很开心地称之为“成都草堂”。他有一首诗《狂夫》，诗里有一句“万里桥西一草堂，百花潭水即沧浪”，提到的便是成都草堂。

他在此地被授检校工部员外郎之衔，因而他又被称作“杜工部”。

四年后，资助他的好朋友严武病逝了。杜甫失去了唯一的依靠。倒霉的杜甫只得携家带口告别成都，两年后经三峡流落荆、湘等地。在杜甫离开成都后，草堂便倾毁不存。后来，到了唐朝末年，著名诗人韦庄仰慕杜甫已久，便到成都寻得草堂遗址，重结茅屋，使之得以保存。后来，到了宋、元、明、清，历代都有修葺扩建，杜甫草堂才得以保存至今。

（二）

其实，杜甫也有开心的时候。那个时候，他认识了唐朝另外一位大家耳熟能详的大诗人——李白，这是他最开心的时候。

李白比杜甫大11岁，他们是忘年交。两人同是唐代伟大诗人，同处在唐朝由盛转衰时期，这是两位诗人幸运又极其不幸的事情。

唐朝开元末年至天宝年间，李白怀着济世之梦居于东鲁的兖州。那年，李白准备再次进京，实现自己治国安民的理想。意气风发的李白便结识了许多文朋诗友，其中一位就是在东鲁做官的杜闲。

杜闲，是杜甫的父亲。

我们可以大胆地想象：也许，两位志同道合的兄弟，就是在杜甫父亲杜闲的官邸里，平生第一次相逢。李白已是闻名天下的大诗人了，还比杜甫年长11岁，而杜甫此时还是一个无名小卒。然而，这并不会对两位诗人的相遇产生任何影响，李白丝毫没有名人的架子，杜甫也没有因此而自卑。两人亲如兄弟，在兖州一同泛舟湖上，一同漫游于山水之间，几乎踏遍了东鲁大地。两人志同道合，互相引为知己。他们的相遇在中国文学史上称得上是千年一遇，他们勤恳学习、苦心写诗，最大的成就是留给后代的反映当时社会现实和人文意识的伟大诗篇。

应该说，两人结识于杜甫最为年少轻狂的时候，当时杜甫就写了《赠李白》，诗里说：“痛饮狂歌空度日，飞扬跋扈为谁雄。”通过诗歌可见他意气风发的状态。如今读来，似乎听到从某个角落里传来他的一声沉沉的叹息，通过诗句把一些现象，从当时一直进入今世转换轮回，成了那一支带着檀香的横笛，数着落梅，在轻盈的乐声里带着学童们，遥指一道又一道山梁。

（三）

过完这段最开心的时光后，杜甫开始为生计奔波。皇帝唐玄宗已到晚年，正处于皇权意识膨胀的时期，需要的是俯首帖耳的无能者围绕在他身边。可以说，他是一个文治失修，武备废弛的皇帝。

那天，皇帝认为要选拔一批贤能的人，认为有特殊才华的人可以上京参加科举考试。这对于杜甫来说是一件大好事。然而他极其倒霉地遇到了一个奸臣——李林甫。

李林甫是唐玄宗时著名的奸相，没什么才学，但是城府极深，不仅一般人为之心惊，即便是年长的大臣也望而生畏，人们都说他“李林甫口有蜜，腹有剑”。此人不学无术，是一个错字连篇的白字先生，因此他痛恨文人，嫉贤妒能。他必须堵塞皇帝的视听，跟皇帝表示参加科举考试的人良莠不齐，他们都没有什么才能，野无遗贤。皇帝开心地一声令下：“这次科举就此作罢吧。”

杜甫好不容易上京考一次试，就因为李林甫的一句话，倒霉的他断绝了科举考试之路。然而，更倒霉的事情还在后面。

当时，他被授右卫率府胄曹参军，这是一个看管兵甲器杖的小官。担此任不久，即在天宝十四载（755年）的十月、十一月之间，他由长安往奉先县探望妻儿，却遭遇了一次惨痛经历。

这一年十月，唐玄宗携杨贵妃往骊山华清宫避寒，十一月，安禄山即举兵造反。杜甫途经骊山时，玄宗、贵妃正在游玩，殊不知安禄山已在范阳起兵反叛，闹得不可开交，只是安史之乱的消息还没有传到长安。

安史之乱是唐朝各种社会矛盾的总爆发，从此李唐王朝一蹶不振。

杜甫在长安生活十载，他根据对生活的观察和途中的见闻，敏锐地感觉到国家的危机已迫在眉睫。此时的杜甫希望朝廷能做些什么，他身上有着当时儒者普遍关注民生的仁厚情怀，他向朝廷提出了“生逢尧舜时”的期待，更表达了他对自己理想更加深入的执着追求。他不想自己像蝼蚁一样苟且度日，希望自己像鲸鱼一般志向高远。然而困顿的生活现实与远大的政治理想有着巨大的落差，他只能以酒消愁。

那么，他这次又遭遇了什么呢？《旧唐书》里记载：“霖雨积六十余日，京域垣屋颓坏殆尽，……漂没一十九坊。”天宝十三载秋天，连下了两个月的雨，百川皆盈。这个时候，朝廷做了什么事呢？《资治通鉴》记载：“上忧雨伤稼，国忠取禾之善者献之，曰：‘雨虽多，不害稼也。’上以为然。扶风太守房琯言所部水灾，国忠使御史推之。是岁，天下无敢言灾者。”皇帝担心连绵的大雨会伤了庄稼，杨国忠想了一个馊主意，他不知道在哪弄到一把颗粒饱满的稻谷呈给皇帝，说：“陛下，我这里有一把稻谷，您看颗粒大小匀称得不得了，这说明大雨没造成损失，否则怎么会有这么好的稻谷呢。”老皇帝信了，但是当时的宰相房琯不信，他反映了水灾让民生艰苦的情况，却遭到杨国忠的迫害。久而久之，在杨国忠大权独揽的情况下，几乎没有人敢把自己的意见和真实情况表达给皇帝。没有朝廷的救灾，百姓就更苦了。这种苦，在诗人身上就反映出来。

那时，诗人刚回到奉先，还没进家门，就发现家人在里面号啕大哭。他心里咯噔一下，心下着急：是谁去世了？我的老母亲？老父亲？妻子？他想了很多人，唯独没想到他的儿子。当他进门时，他的妻子抱着那最幼小的儿子哭得不成人样，小儿子尸身已凉，因为没有粮食，饿死了。

诗人当时内心非常困苦，因为他大小总是个官儿，照例可以免租税和兵役的，他尚且如此狼狈，那么一般平民的情况就更可想而知了。所以，他写下了著名的《自京赴奉先县咏怀五百字》，诗中写道：“入门闻号咷，幼子饥已卒。吾宁舍一哀，里巷亦呜咽。所愧为人父，无食致夭折。”

幼子因饥饿而夭折一事发生在中年杜甫身上，让他感到无比羞愧，给他的精神和心理造成了极大的摧残。

长安十年，杜甫历经了些什么呢？他遭遇了政治的失败、生活的困顿、人生的磨难。然而，作为一个伟大的诗人，他虽然在仕途上失败了，但是他却跟底层的民众有往来，而他自己，正是下层民众之人，有着对当时社会最艰苦的环境生活的深刻体验。所以，他深刻地感知到了那时的不合理和不公正，培养出了他肩负着历史责任感和诗圣的眼光，写下了一首又一首记录社会现实的诗篇。

忧国忧民的他写下了震古烁今的千古名言：“朱门酒肉臭，路有冻死骨。”

（四）

如今，当我们读完这首诗后，发现诗里充满了“山雨欲来风满楼”的担忧。诗里虽然没有写安史之乱爆发的情况，却写出了一个辉煌王朝在风雨飘摇中的动荡与不安，也写出了大厦将倾之前权贵豪门醉生梦死、纸醉金迷的腐朽生活。这是对安史之乱的警报。

那个时候皇帝让胡人做节度使，而节度使军权很大，如范阳的节度使，总兵力近20万人。然而，据史册记载，当时的唐朝全国军队共计57万人，其中边防军设置10个节度使，总兵力49万人。也就是说，保护京城内外的驻兵，只有8万人。而当时的军人是职业军人，拿着俸禄，根本不关心谁做皇帝，只有服从的天职。于是，节度使掌握了当地的民政、财富、赋税、刑法等权力，成了割据一方的小皇帝。而安史之乱中的安禄山呢？安禄山不是汉人。更重要的是，他不是一个镇的节度使，而是三个镇的节度使，他所统辖的兵力占全国总兵力的三分之一，有足够强大的可以与中央抗衡的军事实力。

短短一个月，安禄山领导的叛军从范阳一直打到洛阳，没费太大的力气就攻占了帝都。更可悲的是，朝廷命驻守潼关的哥舒翰全面出击，却惨败于灵宝西，18万人全军覆没。随后，安禄山被其子安庆绪所杀，史思明领导的叛军攻入相州杀死安庆绪，成为大燕第三任皇帝，史称“安史之乱”。

杜甫在战乱之前回奉先探亲，战乱后，他迫不得已迁居到白水。但是随着战争进一步加剧，唐玄宗逃往四川，杜甫只能夹杂在难民当中一起逃亡。然而在北逃途中，他的坐骑被人抢去了，文弱的他只能步行。手无缚鸡之力的他实在无法控制自己体弱之躯，一不小心就掉进了蓬蒿坑里。兵荒马乱之时，每个人都自顾不暇，没有人去理会掉进坑里的人。在危难之时，幸得他的重表侄王砅发现表叔杜甫突然不见了，非常担心，便掉转回去找了十多里地，在那处蓬蒿坑里找到了奄奄一息的杜甫。

杜甫在《送重表侄王砅评事使南海》中写道："争夺至徒步，块独委蓬蒿。逗留热尔肠，十里却呼号。"他还说表侄把自己的马给了他，右手持刀，左手持缰，一路保护他脱离了险境："自下所骑马，右持腰间刀。左牵紫游缰，飞走使我高。"

然而，身处最底层的杜甫，难受的不是自身的苦，而是儿女之苦，作为父亲，看到孩子们难受，而自己却爱莫能助，才是最难的。

杜甫在逃亡时再次遇上持续不断的大雨，当时一家人在野外，他们怕女儿太饿之下哭闹起来，会被野外的老虎或者狼听见，便把女儿搂抱在怀中，遮住她的口。然而，女儿太饿了，只能一口咬住抱着自己的父亲的手，以为这样就能安慰自己饿极的肚子。儿子懂事了，不知道从哪里找了苦李子给妹妹吃。杜甫后来写了《彭衙行》："痴女饥咬我，啼畏虎狼闻。怀中掩其口，反侧声愈嗔。小儿强解事，故索苦李餐。"

虽说杜甫在乱世之中是不幸的，但是像草一样生长着的他坚强地渡过了一个又一个难关，写了一个又一个悲惨的故事，成为史册一般的诗篇，留给我们一个又一个反映当时真实社会的历史影像。

然而，更不幸的还在后面。在北行的途中，杜甫刚刚安置好家人，却遭遇缉捕，不幸被押回长安。好在他只是籍籍无名的小辈，不像白居易、李白一样那么出名。所以他行动自由，还可以外出访友。尽管如此，在被抓的一年里，他生活艰难，情绪低沉，再加上亲眼目睹了长安的荒凉景象，他难以承受，便把一腔悲伤之情付诸笔墨，写下了著名的诗歌《春望》："国破山河在，城春草木深。感时花溅泪，恨别鸟惊心。烽火连三月，家书抵万金。白头搔更短，浑欲不胜簪。"

杜甫虽然是不幸的，但也是幸运的。因为他瞅准了一个机会，逃出了长安。而与他同时期的另外一个著名诗人王维，就不一样了。王维被逼当了一个伪官。而杜甫却因为不出名而逃跑成功。他听说唐肃宗在凤翔，大喜过望，一路风尘仆仆，脚穿着一双破麻鞋，身穿着衣袖露出胳膊肘的破烂不堪的衣服，活脱脱一个乞丐，终于见到了皇帝。他在《述怀》里写道："麻鞋见天子，衣袖露两肘。朝廷愍生还，亲故伤老丑。"

朝廷中的人非常感叹他还能生还，而他的亲朋好友哀叹他的衰老。杜甫千里迢迢一路赶来，如果在这当中遇见叛军，他会再次被抓，而第二次被抓后就不会这么幸运了。然而，他还是这样义无反顾地来见皇帝，这让皇帝很感动，因此他得了左拾遗的官职。

但是他又一次遭遇罢官。

那个时候的宰相房琯是一个个性孤高的人，常常称病不上朝。他因为喜欢论佛教谈老庄，所以和门客董庭兰志同道合，以至于董庭兰借此收受贿赂，让皇帝极为不满。房琯当时被看作是太上皇唐玄宗一党的，而新皇唐肃宗正需要一批忠心耿耿的人。新皇唐肃宗的政治基础已经较为稳定后，他决心罢相，也就是罢免房琯宰相之职。

杜甫是左拾遗，虽然级别不高，却是谏官，是在皇帝身边给皇帝提供合理建议的官员。而杜甫在未出仕之前与房琯已经是好友，是布衣之交。所以他站出来，向皇帝直谏：“甫上疏言：‘罪细，不宜免大臣。’”杜甫想说的是：皇帝啊，你不应该因董庭兰受贿这样的小事而罢相啊。书生意气的杜甫不知底细、不懂政治，却引得皇帝大怒，当下就想要发落杜甫。好在宰相张镐劝下了皇帝，皇帝压下火气后，让杜甫回家探亲。

于是仅仅半个月，“麻衣见天子”的杜甫又一次启程，回家探望妻子儿女。可以说，诗人浪漫与书生意气，使杜甫无法融入这个朝廷当中，他经历了太多的苦难与挫折。

三个月的休假期过去了，大唐天朝似乎要翻开新的篇章，具有强烈责任感的诗人们如王维、贾至、岑参等人摩拳擦掌，准备为朝廷的中兴效力。然而因为政治原因，杜甫没能继续做左拾遗，而是被贬到了华州做司功参军，主要是处理人事方面的琐碎小事。于是，他决定回四年没回过的洛阳老家看看。而这一走，时局又发生变化，杜甫写下了《三吏》和《三别》。

当他回到华州时，又遭遇了旱灾，整个长安地区都被波及。杜甫离开了官场，贫困潦倒之下，他决定西行，来到了本文最开始提到的一个城市：锦官城。

（五）

那年春天杜甫遭遇了旱灾，与之前遭遇水灾不同，现在的他特别期待下雨。然而正当诗人用一颗平静的心去看待时，那年春天的一个晚上，他听到了雨声。

多开心啊，他说，这些雨都知道时节的到来，在春天的时候悄悄地就从天上掉了下来。它们小小的、细细的，跟着一阵风就转进了人世间，多么美好啊。如果那天晚上下雨的时候走出门看向外面，一定会发现：田径上的人是黑的，江边有一些船，也可能有一两盏灯光，多么美丽的世界啊。雨后的第二天，所有植物都长出新芽，所有应该滋润的万物都受到了滋润。你看，所有的牡丹花都开了，所有的路径上都掉满了红色的花瓣，整个锦官城重重地压下来了。他满心欢喜，举笔写下了一首让读者欢欣的千古名诗《春夜喜雨》。

或许，诗人写完这首诗歌后，那些陈年旧事就成了风里的血肉，随空气消散。然而，在他内心深处，有一种柔情从黑暗中挣扎而出，撕裂了所有的土地，触动着空气里某条紧绷的弦，带着他对当时社会的观察，一点一点地传给千年后的人们。